타인의 성장

타인의 성장

The leader is

리더는 최고성장책임자다

the chief

김종철 지음

growth officer

클라우드나인

진정한 코치가 되는 것이 중요하다
_ 고현숙, 국민대학교 경영대학 교수·코칭경영원 대표 코치

몇 년 전 이 책의 저자인 김종철 박사로부터 본인이 미국에서 경험했던 아주 독특한 코칭 스토리를 들었다. 책 앞부분에 소개되는 바로 그 내용이다. 그는 닥터 밥이라는 코치와 단둘이 오두막에서 3일간을 지내며 손수 준비한 매끼 식사를 하고 와인을 마시며 살아온 인생에 대한 얘기를 나누었다. 아무 교재도 책도 없었다. 코치는 주로 간단한 질문을 하고 그의 얘기를 들어주었다. 무슨 얘기라도 솔직하게 할 수 있게 분위기를 만들고 깊이 있게 귀기울이고 공감해주었다. 저자는 거기서 누구에게도 말하지 않았던 과거의 쓰라렸던 상처를 꺼내놓았다. 앞으로 무엇을 위해 살고 싶은지 다짐도 진솔하게 나누었다. 눈물을 흘리기도 했고 가슴이 벅차기도 했던 그 3일간의 코칭이 자신을 바꾸었다는 것이다. 그리고 그 체험이 저자를 코칭으로 이끌었다. 나는 얘기를 듣고 나서 책으로 써서 널리 알려달라고 부탁했다. 짧게 들었지만 '바로 그거야!' 하고 크게 공감했기 때문이다.

코칭을 경험하고 나서 하는 코칭은 다르다

리더십에 대해서, 코칭에 대해서, 조직문화의 변화에 대해서 설명

하는 수많은 책들이 있다. 이론과 실천방법에 대한 조언들이 풍부하게 소개돼왔다. 하지만 이 책의 스토리만큼 나를 강력하게 사로잡은 것은 없었다. 그만큼 그의 독특한 코칭 경험은 생생했다. 나의 상상력을 자극했으며 적용해보고 싶은 의욕을 느끼게 해주었다. 이것이 진실한 스토리의 힘이다.

저자는 자신의 변화에만 머물지 않았다. 강력한 변화를 체험하자 조직에도 적용하려고 무지 애를 썼다. 잘 이해하지 못하는 사람들을 설득했고 시간과 에너지를 투자하면서 시도를 했다. 하지만 본인이 변화를 체험하는 것과 그걸 조직과 구성원에 적용하는 것은 전혀 다른 문제다. '나는 이렇게 깨달았는데 왜 이걸 공감을 못하나.' 하는 답답함을 느끼기도 하고 빨리 실현하고 싶은 조급함이 오히려 걸림돌로 작용하기도 한다. 알기 때문에, 열망하기 때문에 참을성이 없어지는 것이다. 답이 나와 있는데도 이해하지 못하고 주도적으로 실행하지 못하는 구성원들에게 실망하고 바뀌지 않는 조직문화에 지친다. 마치 사람들이 알아주지 않는 선각자처럼 고민하는 리더를 나는 많이 만나왔다.

바로 그 지점에서 이 책은 깨달음을 준다. 결국은 자신이 어떻게 사람을 대하는지에 대한 자기인식이 있어야 한다. 그렇지 않으면 내용만 바뀌었을 뿐이지 결국 또 다른 강요에 지나지 않는다는 것이다. 통찰력을 주는 대목이다.

코치형 리더는 어떤 사람인가

효과적인 팀에 대한 진단과 연구를 해온 패트릭 렌시오니Patrick Len-cioni는 최고의 팀을 이루는 사람들은 '겸손함, 갈망, 사회적 영리함'이라는 세 가지를 지녀야 한다고 말한다. 조직에서 코칭 리더십을 발휘하는 사람도 그렇다고 나는 생각한다.

저자는 겸손하고 관계 지능이 높은 사람이다. 조직을 성장시키려는 갈망이 크다. 국민대학교 경영대학원 면접을 봤을 때 그와의 첫 대화에서부터 진정성을 느낄 수 있었다. 국민대학교와 KCN 코칭커뮤니티에서도 기꺼이 젊은이들에게 배우기를 청했고 격의 없이 어울리며 코칭 실습과 봉사 코칭에 나섰다. 어디에서도 글로벌 기업의 경영진이라고 자신을 내세우는 모습을 보지 못했다. 늘 공감하고 배려하는 면에서 본이 됐다. 그런 면에서 나는 그가 발휘하는 코칭 리더십의 과정과 결과가 무척 기대된다.

처음에 사람들은 코칭을 잘하고 싶어서 코칭을 배우려 한다. 즉 코칭을 하는 것doing coaching을 중시한다. 그래서 코칭 스킬을 익히고 역량을 갖추어 끝내주는 코칭을 하려고 한다. 하지만 제대로 배운 코치는 관점이 달라진다. 코칭을 잘하기 이전에 진정한 코치가 되는 것being a coach이 더 근본적인 변화이고, 그것이야말로 좋은 코칭을 하기 위한 튼튼한 기초라는 것을 깨닫게 된다. 코치가 된다는 것은 인간을 잠재력 있는 존재로 보는 관점의 변화이고 코칭 고객과의 관계에서 완전히 상대방을 위해 존재할 수 있는 상태를 말한다. 스스로 변화의 감동을 겪지 않은 코치는 진정한 코치라고 하기 어렵다.

그런 면에서 이 책은 특별한 울림을 준다. 진짜 코치가 쓴 책이기 때문이다. 또한 엔지니어링 분야에서 경력을 시작한 경영자가 어떻게 코칭, 리더십, 조직문화 전문가로 진화했는지 경력 발전도 흥미롭다. 다양한 경력을 지닌 경영자들에게 코칭, 리더십, 조직문화에 대한 생각을 나누는 길잡이가 될 책이다. 이 책이 조직문화를 바꾸고자 하는 열망을 품은 리더들에게 좋은 참고가 되길 기대한다.

코칭으로 리더십을 완성하자

세상은 점점 더 복잡해지고 한 치 앞을 내다보기 힘들 정도로 변화무쌍하다. 개인은 개인대로, 조직은 조직대로 치열한 경쟁 속에서 살아남기 위해 끊임없이 고민하며 전쟁 치르듯 살고 있다. 이제 조직은 더욱 구성원의 생각과 행동에 의존할 수밖에 없다. 구성원이 스스로 동기를 가지고 몰입하고 자기 역량을 주도적으로 발휘하는 것이 중요한 경쟁력이 됐다. 조직은 변화에 민감하고 창의적으로 대응하고 필요한 역량을 스스로 키우는 자기 주도적인 인재를 찾고 있다. 마찬가지로 인재는 자기 가치를 인정받고 더 키울 수 있는 조직을 찾는다. 현재 사회와 조직의 문화를 주도하고 있는 MZ세대는 지시하는 리더보다 자기 성장에 도움을 주는 코치형 리더를 원한다.

나는 공과대학을 졸업하고 기업 연구소에서 직장 생활을 시작해 누구의 부하로 상사로 또는 조직의 대표로 30년 넘게 일하고 있다. 그동안 직장에서 기대에 못 미치는 구성원을 답답하게 여겼고 문제가 있다고 판단했다. 구성원을 존중하지 못했다. 내 판단으로 지시하고 평가하면서 그들의 잘못을 찾아서 지적했다. 그때마다 나는 그들을 위한 일이라고 주장했다. 그들의 부족한 점을 찾아내 고치는 것을 성장이라고 믿었다. 하지만 나는 그들에게 차갑고 두렵고 이기적인 상사였다. 나의 입에서 나오는 말은 날카로워 상처를 주었다. 나는 나대로 조직은 조직대로 원하는 변화를 이룰 수 없었고 점점 지쳐갔다.

변화는 지시가 아니라 존중에서 시작된다

나는 상대를 변화시킬 방법을 배우기 위해 강의를 찾아 듣고 여러 책을 읽고 공부했지만 채워지지 않았다. 우연히 출장 중에 호텔에서 인터넷을 뒤적거리다가 인터뷰 기사에서 코칭이라는 단어를 발견하고 자석에 끌리듯 리더십과 코칭 MBA 과정에 입학했다. 코칭을 공부하고 수련하는 동안 변화는 내 안에서 일어났다. 내 생각이 잘못됐다는 것을 깨달으면서 의미 있는 변화가 시작됐다. 내가 원하는 조직과 구성원의 모습은 구성원이 원하는 그것과 다르지 않았다. 그러나 나는 수직적인 리더십에 익숙한 사람이었다. 리더로서 소통하고 행동하는 내 방식은 구성원의 순수한 열정, 호기심, 창의성을 통제하고 자발적 동기를 짓밟고 있었다. 정작 달라져야 할 사람은 나였다.

변화는 존중에서 시작됐다. 상대를 문제 있는 사람이 아니라 있는 그대로 인정하고 '자신의 주인'으로 존중했다. 상대를 바꾸겠다는 마음, 상대가 변하기를 기다리는 마음을 버리려고 노력했다. 그러한 노력은 작은 변화의 불씨가 됐다. 상대를 존중하고 그 마음에 공감하자 내 마음이 편안해졌고 표정이 부드러워졌다. 내가 바뀌니 관계가 달라졌고 비로소 상대도 다르게 보였다. 관계의 변화가 이루어지자 목표가 명확해지면서 분주했던 업무들이 간결해졌다. 기대 이상의 경영성과도 거두었다.

여전히 나는 변화를 착각하고 실수하고 넘어진다. 그렇지만 예전과 달리 다시 일어설 수 있다는 믿음이 생겼다. 무엇을 이루었기 때문이 아니라 갈 곳이 정해졌기 때문이다. 지금도 그곳을 향해 진화하고 있다. 나다운 나를 위해 나답지 않은 나를 버려가며 나만의 속도로 성장하고 있다.

구성원 스스로 성장하게 해야 한다

이제 뛰어난 리더 한 사람으로 조직의 성패가 갈리는 시대는 지났다. 요즘 같은 불확실성, 복잡성, 변동성이 높은 환경에서는 모든 구성원의 역량을 최대한 활용하는 것이 경쟁력이다. 따라서 모든 구성원이 몰입하고 환경의 변화를 민감하게 파악하고 주도적으로 대응할 수 있는 조직문화를 구축해야 한다. 그렇다고 해서 늘 성장과 변화를 추구해야만 자기 주도적인 삶인 것은 아니다. 지금의 모습에 만족하지 못하고 끊임없이 변화를 추구하는 삶을 피곤하고 거북하게 느끼며 거부하는 사람도 많다. 환경이나 남의 강요에 의해 억지로 성장과 변화를 선택하는 것은 자기 주도적이라 할 수 없다. 자기 내면에서 진심으로 원하는 것이 있을 때 원하는 것을 스스로 선택하고 책임지는 것이다. 그것이 자기 주도적인 변화다.

코칭 리더십은 상대에게 변화를 강요하거나 지시하지 않는다. 자기 스스로 주인이 돼 자신을 위한 변화를 선택하게 한다. 선택한 변화를 책임지고 행동함으로써 자기 가치 실현을 추구하게 한다. 코칭 리더십은 의도적으로 자기 생각과 행동을 점검하고 스스로 성장하는 자가 발전自家發電적인 변화를 추구한다. 오늘날과 같은 대전환기에 경쟁의 성패는 '구성원이 자발적으로 새로운 생각과 행동을 선택하고 몰입하며 자기 잠재력을 활용하는 것'에 달려 있다. 기업의 중요한 정책과 결정이 사람의 마음을 다루는 것에 집중돼야 하는 이유다.

이 책은 모든 구성원이 스스로 리더가 되는 코칭 리더십을 소개하고 있다. 조직의 변화를 고민하고 자기 주도적인 조직문화를 만들고자 하는 리더들을 위해 썼다.

1장은 언택트 시대와 4차 산업혁명 시대에서 조직이 구성원에게 또는 구성원이 조직에게 요구하는 모습과 역할을 이해하고 함께 성장하는 데 필요한 코칭 리더십을 제안한다. 2장은 행복과 성장을 위해 개인이 자기 주도적으로 변화를 선택하는 코칭 리더십의 방법과 효과를 소개한다.

3~5장은 코칭 리더십이 생각에 머무르지 않고 조직에서 지속 가능한 행동의 변화와 탁월한 성과를 추구하는 문화로 자리잡는 데 필요한 세 가지 핵심 요소를 설명한다. 3장은 자발적 변화가 시작되는 자기인식 역량을 설명한다. 변화는 과거와의 결별이다. 코칭의 핵심 원칙은 자각으로 이끄는 것이다. 자기 주도적 변화를 위해 스스로 깨닫는 자기인식 역량이 반드시 필요하다.

4장은 변화의 장애물인 갈등과 실패를 극복하는 관계의 힘을 소개한다. 갈등 관계에서 신뢰 관계로 바뀌면 리더와 구성원은 갈등을 회복하고 자율성과 주도성으로 창의적이고 책임감 있게 업무를 수행하게 된다. 이는 성과로 연결돼 조직의 경쟁력으로 이어진다. 연결의 대화에서 주요 요소인 경청, 공감, 인정 칭찬의 힘에 관해 다루었다.

5장은 바뀐 생각을 행동으로 옮기고 지속적으로 성장하기 위해 구성원들의 심리적 안전감을 높이는 방법을 다루었다. 조직과 리더가 먼저 취약성과 실패의 경험에 솔직해져서 심리적 안전감을 마련하는 게 중요하다. 그럴 때 구성원들이 새로운 생각을 행동으로 옮기고 스스로 더 높은 목표를 설정하고 책임지고 다시 시도하는 시스템을 정착할 수 있다.

아마 리더 중에는 이미 자기 분야에서 성공을 이루었지만 지금도 성장을 위해 고민하는 리더도 있을 것이다. 성공한 리더의 모습을 꿈꾸지만 상사와 구성원들 사이에서 갈등하고 여전히 현장 업무에서 벗어나지 못하는 리더도 있을 것이다. 많은 시도에도 불구하고 변화에 저항하는 구성원들 때문에 좌절하는 리더도 있을 것이다. 또한 행복한 조직생활을 위해 애쓰고 있는 많은 개인들의 고뇌도 현장에서 심심찮게 듣는다. 모쪼록 이 책이 자기 가치 성장을 위해 주도적으로 일하며 조직의 성장을 이끌고 인생을 행복하게 가꾸기를 원하는 사람들에게 도움이 되기를 희망한다.

마지막으로 내게 가장 소중한 아내와 부모님, 딸과 두 아들, 그리고 윤우에게 이 책을 빌려 사랑과 존경의 마음을 전한다.

2021년 4월
김종철

자기 생각의 상자에서 벗어나자

몇 년 전 방문한 11월 말의 상하이 저녁 날씨는 제법 쌀쌀했다. 국제도시답게 다가오는 크리스마스를 기다리는 거리의 들뜬 분위기가 차가운 공기를 압도하고 있다. 고풍스러운 분위기를 자아내는 이곳 호텔과 달리 강 건너에 보이는 푸동 지구의 높은 현대식 건물들은 현란한 LED 조명으로 화려하기 그지없었다. 전 세계 지역 대표들과 미국 본사에 있는 연구소, 재무, 인사, 생산 조직의 핵심 리더들이 모두 모여 한 해를 마무리하며 성과를 자축하는 파티에 참석했다.

리더십 차이가 성과 차이

회사는 역대 최고의 실적을 냈다. 빌Bill 사장은 그 어느 때보다 상기된 표정으로 흐뭇해했다. 회사는 사업 영역이 여러 산업군에 속해 있고 전 세계 15개국에 계열사를 거느리고 있다. 그러다 보니 리더들을 인정하고 축하하는 시간이 다른 해보다 길었다. 갑자기 빌 사장이 일어나 마이크를 잡았다. 모두의 시선이 집중됐다.

"지난 4년간 각 계열사가 속한 산업의 성장률과 국가별 경제 상황과 고객별 특성들을 모두 고려해도 매출을 두 배로 성장시킨 원동력은 '리더십의 차이'로밖에 설명할 수 없습니다."라고 말하며 나를 소개했다. 그러고 나서 그 비결을 알려달라며 내게 마이크를 건넸다. 갑작스러운 요청에 당황하고 긴장해서 내가 어떻게 말을 했는지 정확하게 기억나지는 않는다. 대략 이렇게 말을 시작했다.

"저는 구성원들을 끌고 가려고 지시하지 않았습니다. 그 대신에 그들이 필요한 것을 도와주고자 했습니다. 그들이 스스로 방법을 찾고 행동으로 옮길 수 있도록 동기를 부여하고 중요한 결정을 내릴 수 있게 자신감을 느끼도록 하는 데 집중했습니다. 제가 한 일은 그들의 가치를 높이는 것과 그들의 성과를 회사의 성과에 연결했을 뿐입니다. 제가 코칭을 배운 것이 많은 도움이 됐습니다."

유럽 지역 대표인 지오바니가 미소를 머금고 다가와서 재촉했다. "제이시JC, 내 테니스 코치는 이래라저래라 지시하는데요? 숨기지 말고 솔직하게 말해줘요." 나는 쉽게 설명하고자 여자 친구와 데이트를 계획하는 아들의 고민을 함께 해결하려는 아버지를 예로 들었다.

자기 옛날 경험을 끌어와 한 수 가르쳐주는 멘토, 데이트 전문가 입장에서 이상적인 데이트 옵션을 제공하는 컨설턴트, 그리고 "데이트가 끝나고 여자 친구에게 듣고 싶은 말은 뭐니?" "그러려면 무엇이 필요할까?"라고 질문하며 아들이 스스로 자기에게 맞는 해결책을 찾아가게 하는 코치에 대해 설명했다. 그리고 당신이 아들이라면 멘토, 컨설턴트, 코치 중 어떤 아빠를 좋아할지 물어보았다.

그동안 코칭하는 나를 이해하지 못하고 답답하게 바라보던 동료들이 자신과 핵심 구성원들의 코칭을 요청해왔다. 그날 이후 여러 리더의 사업계획 보고서에도 코칭이라는 단어가 자주 사용되기 시작했다.

상자 밖으로 나오기

돌이켜보면 내가 코칭을 처음 경험하게 된 것은 2007년이었다. 그 당시 회사는 핵심 리더들을 선발해서 위스콘신 주의 어느 드넓은 옥수수밭 가운데 있는 심리학자 닥터 밥Dr. Bob의 별장을 방문해 '자기 변화 프로그램'에 참여하게 했다.

나는 한창 실적이 좋아 바쁘기도 했지만 스스로 우쭐하던 때라 '자기 변화'란 말이 거슬렸고 필요를 느끼지 못했다. 바쁘다는 핑계로 여러 차례 연기하다가 권유에 못 이겨 마지막 기회에 어쩔 수 없이 참여했다. 나는 뭔가 준비된 프로그램을 기대했다. 하지만 3일 동안 닥터 밥과 하루 세 끼 식사를 같이하고 밤에는 와인을 마시면서 대화만 나눴다. 그는 가끔 질문하는 것 이외에는 몇 마디 하지 않았다. 나 혼자 많은 이야기를 했다.

이야기의 대부분은 내가 살아온 과거와 앞으로 살고 싶은 인생에 대한 것이었다. 그동안 누구에게도 말하지 않은 이야기들이었다. 닥터 밥은 가끔 자신의 부끄러웠던 경험을 이야기하며 내가 안전하게 이야기할 수 있는 환경을 만들었다. 나는 마음속에 있는 이야기를 솔직하게 털어놓은 후 시원하면서도 가볍고 맑아지는 기분을 느꼈다. 이 세상에서 누군가에게 내 모습 그대로를 인정받고 있다는 것을 깨닫고 벅찬 감정을 느꼈다. 이제야 알게 됐지만 그것이 코칭이었다. 그 특별한 경험은 나중에 나를 코칭으로 이끈 터닝 포인트가 됐다.

나는 이 한 번의 경험으로 내가 변화됐다고 착각했다. 첫 프로그램을 마치고 나서 몇 개월 만에 우리 실정에 맞게 프로그램을 재구성해 바로 조직에 시도했다. 몇몇 리더들에게 긍정적인 피드백을 받고 작은 변화를 느꼈다. 나는 만나는 사람마다 자랑을 섞어 열심히 소개했다. 그런데 시간이 흐를수록 효과는 서서히 사라지고 기대만큼 지속 가능한 조직의 성과로 연결되지 않았다. 구성원들은 내게서 아무 변화를 찾아볼 수 없었다는 것을 깨닫게 된 것은 3년이나 지난 후였다.

'자기 변화 프로그램'의 두 번째 과정은 닥터 밥의 별장 방문 후 10개월이 지나고 나서 뉴욕의 롱아일랜드 해변에 있는 호텔에서 진행됐다. 싱가포르 출장을 마치고 유럽을 거쳐 반대편으로 가는 긴 비행 일정은 힘들었지만 첫 프로그램의 감동을 떠올리며 기대와 설렘에 마음이 부풀었다. 높고 파란 하늘과 청명한 5월의 어느 오후였다. 북대서양의 바닷바람은 부드럽고 온화했다. 25A 고속도로에서 내린 후 10여 분을 더 달려 웅장한 철제 장식이 돋보이는 입구를 통과하자 넓은 정원과 백송나무 숲이 모습을 드러냈다. 2~3분을 더 운전하니 호텔 로비가 보였다.

평일 오후 새소리만 들리는 호텔은 마치 유럽의 고성 같았다. 조금 낯설고 어색했지만 곧 휴가를 온 듯 설렜다. 호텔 건물 뒤편으로 작은 정원을 지나면 눈앞에 바다가 펼쳐졌다. 벌써 몇몇 성급한 젊은이들이 서핑하는 모습이 보였다. 2층 테라스에는 고급스러운 간식거리가 차려져 있었고 서빙하는 직원들이 분주하게 움직이고 있었다.

참석자들이 차례차례 도착하면서 웅성거림도 점점 커졌다. 나는 와인 잔을 들고 테라스를 서성거리며 바다를 바라보다가 무리가 있는 곳으로 걸어갔다. 외국 회사에 근무해도 여전히 영어가 서툴고 부담스러웠다. 친한 사람이 아니면 먼저 말을 걸지도 못하는 성격이라 무리와 한두 걸음 거리를 두고 어정쩡하게 혼자 서 있었다. 그때 무리 속에서 닥터 밥이 보였다. 그 옆에 비서인 린다Linda가 서 있었다. 노란색 셔츠에 청바지를 입은 닥터 밥은 80세라는 나이가 무색할 정도로 자연스럽고 편해 보였다. 다른 참가자들과 큰 소리로 웃으며 오랜 친구처럼 잘 어울렸다. 두 사람의 자유롭고 편안한 표정에서 이 프로그램과 닥터 밥에 대한 회사의 신뢰가 느껴졌다.

닥터 밥과 린다가 나와 눈이 마주치자 환하게 웃으며 다가왔다. 나는 난간에 기대어 두 사람과 별장에서 있었던 이야기를 다시 하면서 특별한 경험을 선물해주어 고맙다는 말을 전했다. 두 사람은 "지난해 마지막으로 참석하지 않았다면 이런 자리에서 만나지도 못하고 많이 아쉬울 뻔했습니다."라며 나를 지지해주었다. 그때부터 지금까지 닥터 밥은 늘 내 감정을 섬세하게 알아주고 영감을 불어넣는 말로 용기를 주고 있다.

여기 모인 사람들은 모두 위스콘신에 있는 닥터 밥의 별장에서 진행된 첫 번째 과정을 통해 선발됐다. 닥터 밥은 나를 가리키며 아시아에서는 유일하다면서 적극적이고 수용적이며 배움과 성장 욕구가 큰 사람이라고 칭찬했다. 나는 뿌듯하고 우쭐하기까지 했다. 짧은 대화에도 이미 가슴속에서 작은 흥분과 함께 잘 해보자는 의지가 생겨났다. 막 도착한 에드Edward 회장과도 반갑게 인사를 했다. 그때 멀리서 스티브Steve가 보였다. '여기서 그를 또 만나다니.' 나는 내심 그가 참석하지 않으면 했다.

나는 닥터 밥의 별장에서 3일을 보낸 뒤 미국 본사에 있는 동료들을 대하는 내 태도에 문제가 있다는 것을 인식하게 됐다. 본사 중역들에게 자기주장만 강하고 이기적인 사람으로 인식될 수도 있다는 것을 어렴풋이 깨달았다. 아시아 사업을 총괄하던 나는 평소에 해외 출장이 많아서 미국 본사를 방문해도 업무에 필요한 사람들만 만나고 짧은 출장을 선호했다. 그러다 보니 최고재무관리자나 최고인사책임자 등 업무와 직접 관련이 적은 중역들과는 굳이 시간을 내서 만나지 않았다. 이런 내 태도가 그들의 눈에는 동료를 존중하지 않고 협력하지 않는 이방인의 모습으로 비쳤던 것이다. 어렴풋이 좀 더 다양한 사람들에게 관심을 두고 관계를 개선할 필요가 있다는 생각이 들기는 했다. 그럼에도 몇몇 동료들과는 여전히 날을 세우고 감정적으로 대립하고 있었다. 그중에서 연구소장인 스티브와는 사사건건 부딪쳤다.

내가 담당하는 아시아 고객들은 응용 분야에 맞게 우리 제품을 더 효과적으로 사용하고 싶어했다. 장비의 하드웨어와 소프트웨어의 개선을 요구했고 때로는 공동 개발을 제안하곤 했다. 나는 고객들의 제안을 긍정적이고 새로운 기회로 판단했고 회사에 기여하고 싶었다. 그렇지만 스티브는 늘 내 요구를 반대했다. 내가 일방적으로 고객 입장만 대변하고 자기 업무에 불필요한 부담을 주며 장기적인 제품 개발 계획을 방해하고 있다고 불편해했다. 스티브는 제품 개발이나 기능의 변경과 관련된 업무는 자기 권한이며 자기도 계획이 있으니 재촉하지 말고 기다리라고 했다.

내 요구가 강하면 강할수록 그의 저항도 커졌다. 내 눈에 스티브는 고객을 존중하지 않고 회사의 새로운 기회를 무시하고 자존심으로 똘똘 뭉쳐 앞뒤가 꽉 막혀 보였다. 회사에서 퇴출해야 할 1순위 임원이었다. 어느 날에는 회의를 마치고 혹시 스티브가 나에 대해 인종차별을 하는 것은 아닌지 하는 의심마저 들곤 했다. 우리가 함께하는 미팅은 늘 긴장감이 감돌았고 다른 참석자들은 불편해했다. 결국 여러 사람이 우리 둘의 관계를 알게 됐다.

두 번째 과정은 첫 번째 과정과 다르게 각 참석자가 최고경영자 입장에서 회사의 미래 도전 과제에 대한 사업계획을 준비해 발표하는 프로그램으로 진행됐다. 마침 아시아가 해당 과제의 산업을 주도하고 있었다. 그 산업 분야는 내가 일해 본 경험이 있었다. 회장에게 진입을 고려해야 한다고 여러 차례 건의를 했던 분야이기도 했다. 그런 터라 사업계획을 세우는 것에 자신감이 있었다. 시장과 기술에 대한 최근 동향, 위험 요소 분석, 추진 전략, 구체적인 계획 등을 아시아 지역 핵심 인재들의 도움을 받아가며 두 달 동안 열심히 준비했다. 고객들 의견도 듣고 확인했다. 첫 사업을 계획하는 사장의 입장에서 몇 번이나 꼼꼼하게 검토했다. 나름 완벽하게 준비했다고 생각하고 오늘을 기다렸다.

다섯 명씩 팀을 이루어 세 팀으로 조직됐다. 의도된 것인지 모르겠지만 나와 스티브는 같은 조에 속했다. 첫날은 이 과정에 참석한 모든 사람이 모여서 칵테일과 음료를 마시며 서로 인사하는 시간이었다. 나는 가능한 그와 눈을 마주치지 않았다. 불편한 마음과 함께 묘한 긴장감과 전투력이 올라왔다. 보통 회의라면 자기소개 시간은 2~3분 정도 주어지지만 이날은 자기소개를 자세히 하라고 미리 통지가 됐다. 나는 닥터 밥의 별장에서 나눈 이야기들 가운데 공유할 만한 내용을 모아 12쪽 정도의 소개 자료를 준비했다. 저녁 식사를 마친 뒤 여덟 시부터 시작된 자기소개는 자정이 훌쩍 넘어서 끝났다. 새벽 두 시를 넘긴 팀도 있었다고 들었다.

스티브는 어린 시절 아버지와 함께한 경험으로 자기소개를 시작했다. 아버지와 함께 직접 책상과 울타리 등을 만들면서 배운 지식과 뿌듯함, 형제들과 함께 보낸 다양한 추억, 가족에게 느꼈던 사랑, 존경, 거부감, 반항심 등을 솔직하게 나누었다. 나는 묘하게 동질감을 느꼈다. 그가 어린 시절부터 대학 시절에 지금의 아내를 만나서 결혼하게 된 과정을 이야기하고 가족의 일상과 추억이 담긴 사진을 소개하는 모습이 친근하게 다가왔다. 가족을 사랑하고 자기 일에 자부심을 느끼고 작은 일에도 최선을 다하는 모습이 멋있어 보였다. 그가 예전과는 달리 보였다. 그러자 내가 그의 어떤 행동을 보고 오해했던가 잠시 돌아보게 됐다. 그를 미워하는 마음이 조금 사라졌다. 그렇지만 여전히 친근감을 표시하기에는 자존심이 상하고 좀 멋쩍었다.

다음 날 아침 일찍 소회의실로 향했다. 시간이 부족하다고 느낀 우리 팀은 아침 식사를 회의실로 배달해줄 것을 주문해두었다. 아침, 점심, 저녁을 함께 먹으며 논의에 집중했다. 모두 스스로 최선을 다해 준비했기에 같은 의견이 나오면 흥분해서 지원군을 얻은 것처럼 좋아했고 그렇지 않은 경우에는 치열하게 논쟁했다. 그중에서도 스티브의 발표는 모두의 관심을 받기에 충분했다. 그는 연구소장 입장에서 기술에 대한 문제는 물론이고 내가 놓친 대체 가능한 여러 경쟁 기술들을 소개했다. 회사가 확인하고 작게라도 시도해야 할 초기 과제와 예상되는 위험 분석을 자세하게 준비했다. 핵심 과제에 대한 추진 일정은 물론이고 원가 분석, 예상 이익, 회사의 현재 역량과 보완이 필요한 역량과 인력까지 고려해 꼼꼼하게 준비했다. 스티브가 다시 보였다.

'이건 뭐지? 아, 내가 졌다.'

최선을 다해 준비한 내 자료는 한쪽으로 치우쳐 있었다. 성공적인 결론을 정해놓고 준비한 것처럼 지나치게 긍정적인 관점에서 수립된 계획서였다. 실제 추진 과정에서 예상되는 문제점을 가볍게 여긴 것을 발견했다. 부끄러웠다. 한편으로는 내가 이런 동료들과 함께 일하고 있다는 것이 기뻤고 안도감이 생겼다. 비로소 나를 만나며 내 상자에서 빠져나오는 순간이었다.

신뢰로 다시 연결되기

스티브는 자기 역할에 최선을 다하고 있었다. 나에게 어떤 의도가 있었던 게 아니라 자기 의견을 이야기했을 뿐이다. 그런데 나는 그를 방해자라고 인식했다. 그 때문에 스트레스를 받고 그에게 반격하기 위해 썼던 시간과 노력이 아까웠다. 처음부터 그의 의견을 있는 그대로 받아들였더라면 어땠을까? 그의 가벼운 질문조차 나를 무시하는 것으로 오해했다. 우리 둘 다 역할은 다르지만 회사를 위해서 최선을 다한다는 사실을 인정하고 그의 말과 이메일에 감정적으로 반응하고 공격하지 않았더라면 하고 후회했다.

3일 동안 회의를 하며 15명의 리더는 서로에 대해 깊이 알게 됐다. 각자의 성격과 가치관은 물론이고 관점, 생각, 행동의 습관, 조직에서 기대하는 것, 중요하게 여기는 것은 물론 싫어하거나 피하고 싶은 상황 등 서로를 이해하게 됐다. 오랫동안 사귀어 속마음까지 아는 친구를 얻은 셈이었다. 각자의 장점을 인정하고 사업 전략 추진에 필요한 조직과 구체적인 행동 계획을 세우는 과정이 일사천리로 진행됐다.

추진 항목의 담당자를 정하는 것도 서로 미루는 것이 아니라 서로 웃으면서 누가 최적의 담당자라는 것에 쉽게 합의했다. 각자의 역할과 조직이 자신에게 기대하는 것을 알게 됐을 뿐만 아니라 장벽에 부딪히면 상의하고 도움을 요청할 동료로서 마음이 서로 연결됐다.

신뢰의 연결고리는 그 효과가 매우 컸다. 리더들은 서로의 입장을 이해하고 최고경영자의 관점에서 회사 전체를 조망하면서 사업계획을 총체적이고 입체적인 관점에서 이해하게 됐다. 다른 조와 결과를 함께 검토하고 다시 하나로 취합하는 과정을 거치고 난 후 그 계획은 바로 진행됐다. 우리는 동료들의 업무를 직접 확인하지 않아도 지금쯤 무엇이 어떻게 진행되는지 예측할 수 있을 정도가 됐다. 스티브와도 신뢰가 생겨 멀리 떨어져 있어도 옆에서 같이 일하는 듯 친밀감이 생겼다. 표현하지 않는 감정과 의도까지도 알 수 있었다. 어느덧 불필요한 감정 소모가 없어졌다. 그 과제는 회사 매출이 3년 만에 두 배 이상 성장하는 데 큰 기여를 했다.

나는 롱아일랜드에서 프로그램을 마친 후 몇 달 뒤 뉴욕에 있는 본사를 방문했다. 무척 무더운 날씨였다. 주차장 안쪽에 자리한 직원 주차 공간에서 빈 곳을 찾아 주차하고 걸어 나오다가 입구 근처 방문자 주차 공간을 보며 나도 모르게 웃음이 나왔다. 전에는 손님처럼 행동했다면 이제는 아시아에 있는 내 사무실을 들른 것처럼 편안했다.

그날은 에드 회장과 닥터 밥을 만나기로 했다. 그러고 보니 업무 목적 없이 본사를 방문하기는 처음이었다. 이제는 눈앞에 있는 당장의 성과뿐만 아니라 조직의 건강과 인재개발 등 장기적인 과제도 나의 중요한 업무가 됐다. 회장실 문을 가볍게 두드리고 들어갔다. 늘 느끼지만 1층 복도 끝에 있는 에드 회장의 방은 검소했다. 흔히 볼 수 있는 많은 상패, 안락한 소파, 자신을 나타내는 화려한 물건들이 없었다.

에드 회장과 닥터 밥 두 사람과 함께 최고인사책임자가 환한 미소로 나를 반갑게 맞이했다. 그들이 진심으로 나의 성장을 바라고 존중하고 인정한다는 것을 느낄 수 있다. 나 역시 더 이상 감출 것도 없이 생각하는 것을 그대로 말할 수 있을 정도로 신뢰와 자신감이 생겼다. 그들은 나의 성장을 위해 부족하고 아쉬운 부분을 피드백했다. 무엇이 아쉬운지는 명확하게 설명해주었다. 하지만 무엇을 어떻게 하라고 방법을 제시하지는 않았다. 내가 알아서 판단하고 성장해야 했다. 나를 믿고 존중해주었으므로 나도 지적으로 듣지 않고 스스로를 돌아볼 수 있는 여유가 생겼다.

에드 회장도 이제는 신뢰할 수 있고 역량 있는 15인의 원탁의 기사들이 있어서 든든하다고 말하며 그 일원이 된 것을 축하했다. 벅찬 감정이 올라왔다. 최고인사책임자가 회사에서 나를 위해 준비한 프로그램을 설명했다. 평소에 불만을 품었던 작은 부분까지 배려한 프로그램이었다. 인센티브는 물론이고 몇 년 뒤 내가 선택할 수 있는 업무의 옵션과 그것을 위해 필요한 요건까지 세심하게 준비돼 있었다.

나는 그 이후 본사를 방문하면 최고재무관리자와 최고인사책임자 등 평소 접촉이 거의 없던 임원들의 방에 찾아가서 아시아 상황을 설명했다. 그들이 바라보는 시각과 기대하고 염려하는 점을 묻고 들었다. 그전까지는 에드 회장이 바쁠 거라고 단정하고 회의 시간 이외에는 따로 만나려고 하지도 않았다. 하지만 이제는 정기적으로 일대일 대면 미팅을 할 수 있게 됐다.

착각에서 깨어나기

"진작 이야기 좀 해주지. 내가 정말 그랬다는 말이지?"

초창기부터 함께 일한 직원이 회사를 떠나겠다고 하면서 나에게 들려준 이야기는 충격 그 자체였다. 나는 자기 변화 프로그램 이후 완전히 새사람이 됐다고 생각하고 진심을 다해 업무에 몰입했다. 지적하고 야단을 치는 것도 모두 상대를 위한 행동이고 조직을 위해서 어쩔 수 없다고 생각했다. 그래도 미안한 마음에 상대를 위로한답시고 붙잡고 늦은 저녁까지 술을 마셨다. 형님 아우 하며 헤어지면서 나를 이해해줄 것이라고 기대했다. 그러면서 내가 조직에서 가장 고생하고 구성원을 위해 희생하는 리더라고 착각했다. 나는 매일 가장 일찍 출근했고 가장 늦게 퇴근했다. 회의 전에 모든 자료를 꼼꼼하게 검토하고 모든 일을 철저하고 빈틈없이 챙겼다. 그러면서 내 역할을 잘하고 있다고 생각했다.

부하직원은 집에 일찍 가고 싶어도 관계를 망칠까 봐 두려운 마음에 신뢰를 회복해보려고 억지로 늦게까지 술자리에 남아 있었다고 했다. 자기가 해야 하고 또 하고 싶은 것보다 내 눈에 잘 보이기 위해 노력했다. 어느새 내가 시키는 업무가 아닌 것은 더는 생각하고 싶지도 않고 해서도 안 되는 그런 상황에 놓였다고 한다. 그들의 의견을 듣기 위해 만든 회식 자리는 업무의 연장이었을 뿐이다.

내가 말과 행동이 다르다고 구성원들끼리 뒷말을 하면서도 아무도 내게는 진실을 전하지 못했다. 나만 모르고 있었다. 어떤 이야기도 들을 준비가 돼 있는 열린 사람이라고 착각하고 살았다. 내 앞에서 보이는 순종적인 태도와 가끔 웃어주는 미소에 잘하고 있다고 생각했다.

나는 실상을 모른 채 늘 "조금 더!"를 외치며 효율을 강조하고 "더 빨리!" 하며 재촉했다. 그 과정에서 지시하고 통제하고 비난하고 무시하는 것을 당연하게 여겼다. 구성원들은 더 효과적인 방법을 알면서도 침묵하며 참고 지냈다.

본사에 있는 몇몇 중역을 대하는 내 태도는 조금 변했는지 모른다. 하지만 만만한 구성원들을 대하는 내 태도는 그대로였다. 나는 여전히 무섭고 잘못을 찾아 지적하고 실수를 허용하지 않았다. 내 말은 날카롭고 가슴에 상처를 냈다. 내 앞에만 서면 쪼그라들고 긴장할 수밖에 없었다. 이미 나는 오래전부터 가까이하기에는 너무나 먼 사람이었다. 나만 그것을 모르고 있었다.

'만약 나를 비춰주는 거울이 있었더라면.' '닥터 밥과 같은 누군가가 필요한 피드백을 해주었더라면.' '핵심 리더들과 깊이 연결돼 솔직한 피드백을 받았더라면.' '나에게 자신을 객관적으로 살필 인식 능력이 있었더라면.' 후회가 밀려왔다. 하지만 떠나기로 결정한 직원의 마음을 돌이킬 수 없었다.

다시 시작하기

더 이상 가만히 있을 수 없었다. 문제를 발견했으니 이제 해결해야 했다. 도움이 될 것 같은 강의와 책을 읽고 고민하고 갈증을 느끼며 헤매다가 리더십과 코칭을 배우기 위해 대학원에 입학했다. 훈련을 하면서 아는 것과 생각하는 것을 행동으로 옮기는 것이 얼마나 어려운지 새삼 깨달았다. 자기 변화 없이 남을 바꾸려는 시도가 무의미하다는 것을 체험했다.

구태여 지시하고 이끌지 않더라도 상대의 이야기를 듣고 공감하기만 해도 상대가 스스로 자신에게 필요한 답을 찾아가는 것을 경험하게 됐다. 모든 개인이 무한한 가능성의 존재이며 문제해결에 필요한 능력을 갖추고 있다는 믿음이 쌓였다. 하지만 실제 조직의 현장에서 적용하고 실천하는 과정은 또 다른 도전이었다. 그 과정에 코치의 모자와 사장의 모자를 번갈아 썼다 벗었다 하며 혼란스러웠다. 다행히 여러 전문 코치들의 코칭 덕분에 힘을 얻고 방향을 잡을 수 있었다.

혼자의 힘으로 지금의 나를 뛰어넘기는 어렵다. 그런 점에서 변화는 자기 의지만으로는 한계가 있다. 주기적으로 나 자신을 비추어주는 코치의 도움으로 내면을 탐구하며 변화에 저항하는 나를 발견할 수 있었다. 그러자 조금씩 변화가 일어났다. 신뢰 관계가 형성되면서 솔직한 피드백을 받을 수 있었다. 새로운 자각은 지속 가능한 변화를 이끄는 동력이 됐다. 그러자 나 스스로 조금씩 변화를 만들어가게 됐다. 만약 나 혼자서 의지만으로 극복하려고 했다면 아직도 외롭고 고통스럽게 싸우고 있었을 것이다.

의사이자 심리학자 알프레드 아들러Alfred Adler는 "사람에게 있어 진정한 변화는 의지의 영역이 아니다. 인지의 영역이다. 백번 각오하고 다짐하는 것보다 한 번 제대로 깨닫는 것이 필요하다."라고 했다. 자기 생각과 행동의 잘못된 부분을 알지 못하거나 다른 관점과 주변 환경의 변화를 무시한다면 변화의 필요성을 알지 못한다. 오히려 누군가 자신에게 문제가 있다고 지적한다면 방어하려고 더 노력하게 된다. 변화는 변화의 당사자가 그 필요성을 제대로 인식하는 것에서 시작한다. 누구나 자신의 필터로 세상을 판단하고 해석하기 때문에 자기 잘 못을 제대로 인식하는 것은 한계가 있다. 모든 것을 경험으로 직접 알 기에는 인생은 몹시 짧다.

코치는 거울처럼 자신을 비춰주고 인식을 넓혀준다. 비밀을 보장 하며 신뢰할 수 있다. 필요한 말이지만 듣고 싶어 하지 않는 말을 해줄 수 있는 존재다. 코치의 나이와 경력은 중요하지 않다. 오직 나를 위해 서 존재하는 코치와 대화를 하며 상황을 입체적이고 통합적으로 살펴 볼 기회를 얻는 것이 중요하다. 그렇게 된다면 스스로 생각과 행동의 오류를 인식하고 수정하며 효과적으로 변화하는 것이 가능해진다.

제대로 알고 변화하기

제대로 알아야 제대로 변화할 수 있다. 자신이 원하는 삶의 목적과 의미를 제대로 알고 그것이 현재 자신의 생각과 행동과 어떻게 차이 가 있는지 알 때 원하는 변화를 이룰 수 있다. 변화는 과거와의 결별이 다. 하지만 그 결별이 쉽지 않다. 저절로 되지 않기에 의도적인 노력이 필요하다. 또한 누군가의 강요로 억지로 하는 변화는 지속 가능하지 않다. 자신이 원하고 선택한 일인지, 아니면 눈치 보며 어쩔 수 없이 하는 것인지 스스로에게 물어야 한다. 새로운 인식이 변화의 시동을 걸 수 있다.

이제 환경은 중장기 전략이 무색해질 만큼 한 치 앞을 예측하기 어 렵고 매우 급진적이며 변화무쌍하다. 생존을 위해 빠르고 유연한 대 응이 필요해지면서 조직은 구성원의 역량에 더욱 의존할 수밖에 없다. 변화에 대응하는 능력이 조직의 경쟁력이 됐다. 구성원이 자기 주도적으로 변화를 민감하게 알아 차리고 필요한 판단을 할 수 있는 인식 역량을 갖추어야 한다.

이런 시대에서 리더가 할 일은 각 구성원이 맡은 업무를 통해 자기 가치를 키우고 몰입할 수 있는 분위기를 만드는 것이다. 그리고 그들의 목표와 성과를 조직의 목표와 성과로 정렬하는 것이다.

1장 코칭 리더십
스스로 리더로 성장한다

2장 자기 주도적 변화
조직문화가 자기 주도적이어야 한다

3장 자기인식 역량
셀프 리더십으로 리드한다

4장 관계의 힘
갈등 관계를 신뢰 관계로 바꾼다

5장 심리적 안전감
지속 성장 시스템을 구축한다

코칭 리더십

스스로
리더로 성장한다

1

구성원의 가치 성장을
이끈다

"정말 요즘 직원들은 너무 이기적입니다. 내가 얼마나 밀어주고 키워줬는데……. 이제 와서 다른 회사로 옮기겠다고 하고. 이게 말이 됩니까?"

평소와 다르게 윤 상무는 빠르게 소주잔을 비웠다. 퇴근할 무렵 잘나가는 정보 통신 회사에서 연구소장을 맡은 윤 상무가 저녁을 함께하자고 전화가 왔다. 평소와 다르게 목소리에 기운이 빠져 있었다. '뭔 일이 있구나.' 하는 감이 들어 서둘러 하던 일을 정리하고 늘 만나던 장소로 갔다. 윤 상무가 말하는 박 부장은 나도 몇 번 함께 만난 적이 있었다. 박 부장은 말수가 적고 차분하면서도 판단력이 빨랐다. 윤 상무가 아끼는 부하직원 중 한 명이었다.

"이제 사람에게 투자하지 않을 겁니다. 다 쓸모없는 짓입니다. 기껏 키워놓으면 딴 곳에 가버리는데. 사람들이 의리도 없고……."

여러 번 설득했지만 결정을 바꾸지 않아서 결국 잘되기를 바란다는 덕담을 하고 보냈다고 한다. 하지만 내내 속마음은 쓰라리고 아쉬웠던가 보다. 실제 많은 리더가 구성원을 배려하고 좋은 대우를 하기 위해 애쓰지만 인정받지 못한다. 작은 일에도 이기적인 요구를 하는 구성원들의 모습에 실망하면서 자신의 노력과 시도에 회의를 느끼게 된다. 나는 윤 상무의 이야기를 들으며 이런 질문을 떠올렸다.

- 리더는 정말 구성원을 위해 밀어주고 키워줄까?
- 구성원이 성장해서 일을 잘하게 되면 누가 좋을까?
- 리더를 위해 성장하려고 노력하는 구성원이 몇 명이나 될까?
- 조직과 리더는 도움이 되지 않는 구성원을 위해 얼마나 투자할까?
- 누구의 기준으로 잘해준다는 것일까?

구성원은 일이 자기 성장에 도움이 되기를 원한다

사람은 누구나 자기가 중요하게 여기는 것을 우선시한다. 과거도 그랬고 미래도 마찬가지일 것이다. 평생직장이 보장되고 개인의 개별성보다 획일성이 요구되던 시대에는 힘들어도 참고 끝까지 견디는 게 당연했다. 지금은 다르다. 개인과 회사의 이익이 일치하지 않을 때 무작정 회사를 위해 희생하라고 강요할 수 없다. 리더가 구성원을 위해 사업을 하지 않는 것처럼 구성원도 리더나 조직을 위해 억지로 참고 봉사하지 않는다. 조직은 혼자 할 수 없는 일을 여럿이 모여 해내는 곳이다. 억지로 조직을 위해 일하도록 강요해서는 구성원이 몰입하고 최선을 다하기를 기대할 수 없다. 구성원이 자기 업무를 잘하는 것은 조직에도 필요한 일이지만 자신의 미래 가치 성장에도 도움이 돼야 한다. 내 이익이 조직의 이익이고 조직의 이익이 내게도 이익이 된다는 것을 알 때 최선을 다한다. 그들은 자기 문제를 충분히 현실적으로 파악하고 있다.

구성원의 성장을 지지하고 기회를 제공하자

이제는 몸이 어디에 있느냐보다는 무엇을 어떻게 하고 있느냐가 더 중요하다. 직업의 선택 기준도 개인마다 다르다. 연봉의 수준만 따지기보다는 안정적인 회사, 인생 수입의 총량, 개인 시간의 보장 등을 총체적으로 고려한다. 구성원은 리더와 조직을 위해 맹목적으로 참고 일하기보다는 다른 기회를 찾는 심리적 이직 상태를 선택한다. 심리적 이직 상태에 있는 구성원은 시키는 업무를 기계적으로 수행할 뿐이다. 그들은 조직의 경쟁력을 지속해서 유지하는 데 도움이 되지 않는다.

조직은 구성원들이 자신의 업무에 최선을 다해 집중하기를 바란다. 그러기 위해 조직과 리더는 구성원들의 가치가 구현되고 성장할 수 있는 기회를 제공해야 한다. 4차 산업혁명의 시대라고 해도 인재는 조직의 핵심 역량이자 중요 자산이다. 그들의 역량이 제대로 발휘돼야 조직도 성장한다. 구성원들의 성공이 조직의 성공이 되도록 그 둘을 연결하는 리더십이 필요하다.

2

복잡하고 빠르게 변하는
욕구를 읽는다

독립된 노동자들이 한 조직을 위해 일하는 것이 아니라 동시에 여러 조직에서 역량을 발휘하며 일하는 긱이코노미gig economy 시대에 들어서고 있다. 페이스북 최고경영자 마크 저커버그Mark Zuckerberg는 10년 이내로 50퍼센트의 인원을 원격근무로 영구적으로 바꾸겠다고 선언했다. 사무실에서 오래 일하는 것보다 어디서 일하든 업무의 결과와 질이 더 중요해졌다.

단순히 근무 시간을 넘어 통합적인 관점에서 워라밸에 대한 인식과 의미에 변화가 일어나고 있다. 개인의 삶의 목적에 따라 일과 조직에 대한 의미를 다시 생각하게 됐다. 기업의 입장에서는 고용 환경의 변화가 고용 통제력을 제한하기 때문에 구성원 개개인의 역량은 물론 자발성과 업무 몰입에 더욱 의존할 수밖에 없다.

젊은 세대는 내일을 위해 오늘을 희생하지 않는다

『90년생이 온다』의 저자 임홍택은 "권력은 이미 기업에서 개인으로 이동했으며 재능 있는 개인들은 직장 생활에서 그들의 요구와 기대를 확대하고 성취할 만한 협상력을 가지게 됐다."[1]라고 말한다. 프로 야구나 프로 축구 구단처럼 기업은 재능 있는 스타플레이어들을 고액 연봉으로 확보하고 더 높은 성과를 성취하도록 환경을 조성하고 있다. 구성원들도 직급과 연공서열을 떠나 스타플레이어들과 함께 일하는 것이 자신의 성공에 도움이 된다는 사실을 받아들인다. 임홍택은 1990년대생은 회사에 충성하는 것이 아니라 자신과 미래를 위해 충성을 하며 재미를 추구하는 세대라고 설명한다. 이 세대는 스스로도 정직하지만 조직도 합리적이고 정직하기를 요구한다.[2] 그들은 일과 삶의 균형과 조화를 중요하게 여기며 자기가 원하는 것을 그 이전 세대보다 더 강력하게 추구한다.

경제적으로 독립해 빠른 은퇴를 꿈꾸는 파이어족FIRE, Financial Independence Retire Early도 관심을 받고 있다. 미국 기준으로 연 소득 6만~7만 5,000달러(7,000~8,500만 원)가 정서적인 안녕을 유지하는 데 필요한 수준이다. 그 이상의 소득 증가는 삶의 만족도에 의미 있지 않다고 본다.[3] 파이어족은 소비를 위해 '돈을 버는 노예'로 살기보다는 자신이 가진 돈으로 최대한 즐겁게 살며 적은 돈으로 행복해지는 능력을 키우며 의미 있는 삶을 선택하는 라이프스타일을 추구한다. 그들이 말하는 은퇴는 일을 그만둔다는 의미가 아니다. 돈을 벌기 위해 억지로 일하지 않는 상태다. 무작정 더 많은 경제적 부를 추구하지 않으며 궁극적인 자유를 누리는 것이다. 그들은 성과만을 추구하는 변화에 동의하지 않는다.

파이어족은 무조건 내일을 위해 오늘을 희생하는 것을 거부한다. 조직에서 오랜 시간을 보내기보다 자신을 위한 시간을 갖고 싶어 한다. 퇴근 후 가족 또는 친구들과 보내는 시간이 중요하고, 취미를 위해 필요한 전문 교육과 훈련에 참여하고, 여행도 마음 맞는 사람끼리 아니면 혼자 하기를 선호한다. 그들이 조직에서 원하는 것은 고연봉과 승진보다는 지금의 행복이며 자기 가치 상승에 대한 기대다.

지금의 경영 환경은 매우 복잡하고 변화무쌍하며 불확실하다. 특정한 개인 한 사람의 역량만으로 경쟁에서 지속 가능한 승리를 거둘 수 있는 조직을 만들기는 사실상 불가능하다. 따라서 기업들은 변화를 요구하는 구성원의 목소리에 대응하기 위해 통제할 수 없거나 효과가 적은 부분들을 내려놓기 시작했다. 구성원의 욕구를 살피고 그들의 행복을 기업의 가치로 내세우고 있다.

조직은 다양하고 변화무쌍한 구성원들이 모인 곳이다

그렇다고 해서 조직의 모든 구성원들이 자유롭게 원하는 직업을 선택할 수 있는 것은 아니다. 그들은 나름대로 빠르게 변화하는 외부 환경을 혼자 대응하는 것에 불안해하고 한계를 느낀다. 서로 의지하고 함께 대응할 동료가 필요하다. 보호받을 수 있는 안전한 공간을 찾아 정년이 보장된 직장을 찾기도 한다.

조직은 이렇게 다양하고 변화무쌍한 욕구를 가진 구성원들이 모여 함께 성장하고 일하는 곳이다. 늘 그렇듯 구성원의 욕구 변화와 도전이 새로운 것은 아니다. 사람을 다루는 것이 경영의 핵심이라는 것을 오래전부터 누구나 인정해왔다. 다만, 그들의 욕구가 우리가 살아온 과거에 비해 복잡하고 빠르게 변하는 것일 뿐이다.

이제 조직은 구성원의 관심과 욕구를 더욱 민감하게 알아차리고 다룰 수 있어야 한다. 구성원들이 업무에서 가치와 의미를 느끼고, 조직을 통해 자신의 가치 실현에 한 걸음 더 가까이 간다고 확신할 수 있어야 한다. 그들이 조직에서 얼마나 주도적으로 잠재력을 발휘하고 몰입하는지에 따라 경쟁자들이 쉽게 흉내 낼 수 없는 확실한 격차를 만들 수 있다. 지속 가능한 성장을 위해 중요한 것은 사람이다. 그들이 생각과 행동을 선택하고 결정하는 방식이 조직문화이고 그 조직문화가 차이를 만드는 경쟁력이다. 구성원의 마음을 헤아리고 그들이 스스로 자기 생각과 행동을 바꿀 수 있는 역량을 개발하도록 도와주는 리더십이 필요하다.

3

구성원이 일할 맛 나는
조직을 만든다

조직의 리더가 찾는 구성원은 자기 주도적인 인재, 즉 '알아서 일 잘하는 인재'다. 리더들은 그런 구성원이라면 양팔을 벌려 환영하고 소중하게 여기며 어떤 요구라도 수용할 것이라 강조한다. 반면에 그런 구성원이 원하는 조직은 '일할 맛 나는 조직'일 것이다. 그런 조직에서라면 스스로 알아서 일 잘할 수 있다고 말한다.

우리는 언제 조직에서 일하는 맛을 느낄까? 능력을 인정받고 합당한 연봉과 대우를 받고 의미 있는 일을 하고 자신이 성장하고 있다고 느낄 때 일할 맛이 날 것이다. 상사는 물론 동료들과 서로 신뢰하고 조직의 결정이 공정하고 합리적이며 자신의 선택과 결정이 존중받는 조직이라면 구성원 스스로 책임 있게 일하고 싶을 것이다.

갤럽의 최고경영자 짐 클리프턴Jim Clifton과 짐 하터Jim Harter 박사가 함께 쓴 책 『강점으로 이끌어라』에서 미래 일터의 문화를 자세하게 설명한다. 갤럽이 수년 동안 무엇이 인간에게 훌륭한 삶을 만들어주는지 조사한 결과 좋은 직업을 갖고 있을 때 꿈꾸는 삶이 실현된다는 것을 발견했다.

가족, 집, 평화, 안전과 같은 기본 욕구는 여전히 중요한 요소로 남아 있다. 하지만 그들의 꿈이 이루어지는 것은 좋은 직업을 갖고 있을 때라고 한다. 갤럽이 정의하는 좋은 직업은 다음과 같다. "'좋은 직업'은 상근직으로 주 30시간 이상 일하고, 생활임금 수준의 급여를 받는 직업이다. '훌륭한 직업'은 좋은 직업의 모든 자질을 갖추되, 하나의 큰 차별화 요소는 개인이 의미 있고 성취감을 얻는 일에 종사하고 있으며, 직장에서 진정한 성장과 발전을 경험하고 느낀다는 점이다."[4]

맥킨지는 5,000명 이상의 근로자를 대상으로 회사에 입사하거나 퇴사를 결정할 때 중요하게 여기는 요소가 무엇인지를 조사했다. 일반적인 예상과 달리 '높은 보수'를 선택한 사람은 25퍼센트도 되지 않았다. '높은 고용 안정성'은 8퍼센트였고 '적절한 업무 강도와 낮은 스트레스'는 1퍼센트였다. 반면 '자유와 자율성'과 '신나는 도전'은 50퍼센트가 넘었다.[5] 우리는 모두 좋은 일터가 필요하다.

강점이 아니라 약점에 집중하면 의욕을 잃는다

조직이 자율성을 보장하면 구성원은 신나는 도전을 택하고 만족을 느낀다. 반대로 조직이 구성원의 부족한 점에 집중하면 구성원은 마음을 다해 알아서 일 잘하고 싶은 생각이 사라진다. 리더가 구성원의 작은 잘못을 찾아 지적할수록 구성원은 리더의 눈치를 보고 심기를 살피게 된다. 자기 가치의 성장을 기대하기 어려운 조직에서는 일하는 즐거움과 행복감을 느끼지 못하게 된다.

내 심정을 알아주는 사람이 있다면 그를 위해 일하는 것이 행복하다. 그러나 나를 무시하는 리더를 위해 일하는 것은 고통이다. 김지운 감독의 영화「달콤한 인생」에서 주인공은 조직의 리더인 보스에게 절대적인 신뢰를 한몸에 받았다. 자신을 알아주는 보스를 위해 주인공은 7년의 세월을 마치 개처럼 굴종하며 살았다. 그러나 보스의 여자를 감시하라는 지시를 따르다가 여자의 탈선을 모른 체했다고 한순간에 토사구팽을 당하는 신세가 되고 만다. 겨우 죽음의 위기를 벗어난 주인공은 보스에게 묻는다.

"저한테 왜 그랬어요? 말해봐요."

"넌 나에게 모욕감을 줬어."

물론 조폭을 묘사한 영화이지만 이 명대사를 일반적인 조직의 리더십 관점에서 해석하면 가장 최악의 관계를 나타낸다고 할 수 있다. 피비린내 물씬 풍기는 파국의 결말로 향해가는 과정은 리더십에서 인정과 무시의 결과를 보여주는 극단적인 사례라고 할 수 있다. 실제로 일반적인 조직에서도 리더와 구성원 간의 갈등이 조직에 막대한 피해를 끼쳐 파국으로 치닫기도 한다.

인재들은 조직을 보고 들어왔다가 리더 때문에 떠난다

아무리 똑똑한 인재라 해도 조직을 보고 입사했다가 리더 때문에 떠나는 경우가 있다. 리더는 리더대로 그 구성원을 문제투성이로 규정하고 자신의 판단을 확신한다. 그리고 다시 신기루 같은 '알아서 일 잘하는 직원'을 찾아 나선다.

인지도가 낮은 중소기업들은 젊은 인재들이 참을성이 부족하고 쉬운 일만을 원하면서도 적은 월급과 근무 조건 때문에 취업을 거부한다고 손가락질할지 모른다. 하지만 젊은 인재들이 싫어하는 것은 단순히 대기업에 비해 적은 월급과 근무 조건 때문만이 아니다. 꼰대 문화로 대변되는 조직문화와 리더 때문이다. 그러나 조직과 리더는 변화된 구성원들의 욕구를 잘 수용하지 못한다.

결국 '알아서 일 잘하는 인재'와 '일할 맛 나는 조직'은 함께 만들어가는 것이다. 조직과 리더가 찾는 '알아서 일 잘하는 인재'는 바로 지금 당신 곁에 있는 사람들이다. 젊은 인재들이 원하는 '일할 맛 나는 조직'은 당신이 지금 일하고 있는 조직이다. '알아서 일 잘하는 인재'를 찾으려고 노력하거나 '일할 맛 나는 조직'을 누군가 만들어주기를 기다리지만 말고 리더와 구성원 모두 주도적으로 변화를 이끌어야 한다. '일할 맛 나는 조직'에서는 누구나 '알아서 일 잘하는 인재'가 될 수 있다.

4

자기 생각의 안전지대에서
벗어난다

가장 강력한 변화 동기는 남이 시켜서 하는 것이 아니라 '내가 원해서' 하는 것이다. 우리가 일을 좋아하게 되는 요인은 자기 가치의 성장과 인정과 관련돼 있다. 원하던 회사 입사를 위해 면접을 보던 때의 모습을 떠올려보라. 조직에 꼭 필요한 인재가 되겠다고 다짐한다. 그때 우리는 '알아서 일 잘하고 싶은 동기'를 갖고 있다. 조직이나 관리자들이 그러한 동기를 꺾어버리지 않는다면 자신의 강점과 숨어 있는 잠재력을 발휘할 수 있을 것이다.

10년 전의 모습과 현재의 모습을 비교해보라. 사람이 변하지 않는다고 말할 수 있을까? 변화하는 세상에 적응하기 위해서라도 조금씩 변해온 자신을 발견한다. 그렇다면 "사람은 변하지 않는다."라는 말은 "내 기준으로 상대가 변하지 않는다."라는 말이다. 만약 나의 변화를 상대가 몰라준다면 상대가 원하는 방향이 아니거나 변화의 속도나 크기가 상대의 기대에 못 미친 것이지 내가 변하지 않은 것이 아니다. 전혀 예상하지 못한 새로운 삶을 사는 사람들의 이야기도 심심찮게 들을 수 있다. 뜻밖의 사건을 경험한 후 이전의 삶과 전혀 다른 삶을 살아가는 사람들도 있다. 방향이 바뀐 것이다.

할리데이비슨 회장이었던 리치 티어링크Rich Teerlink는 "인간은 변화를 거부하기보다는 변화당하는 것을 거부한다."[6]라고 말했다. 아무리 좋은 것이라도 강요를 받는다고 생각하면 거부감이 생기고 전력을 다하지 않게 된다. 변화가 필요한 사람이 먼저 변화를 선택해야 한다. 목마른 사람이 먼저 우물을 판다고 서로 다투고 헤어져도 아쉬운 사람이 화해의 방법을 먼저 고민하는 법이다. 상대의 변화를 원하는가? 그렇다면 먼저 내가 무엇을 바꿔야 할지를 고민해야 한다.

네덜란드 로테르담은 오래된 도시의 모든 문제점을 다 안고 있었다. 극심한 교통난으로 접근성이 떨어지고 지역이 낙후돼 기업들이 하나둘 떠났다. 그러자 시 정부는 도시 회생을 위해 인프라 구축에 나섰다. 하지만 예산과 여론 합의 등을 따져보니 무려 30여 년 정도 걸린다는 예측이 나왔다. 사업 자체가 무산될 위기에 처했다. 답답해진 것은 시 정부보다 시민들이었다.

도시를 살리는 길이 자신들의 살길이라는 것을 깨달은 시민들은 변화를 주도하는 주체로 나섰다. 리더 격인 시 정부보다 더 앞장서서 3,000명이 크라우드 펀딩으로 석 달 만에 12만 유로를 모았다. 결국 시 정부는 수백만 유로의 예산을 투자해 사업을 추진하기로 결정했다.

일방적 변화 요구는 안전지대에 숨게 한다

내가 원하는 대로 상대를 바꾸려고만 한다면 만족스러운 결과를 얻을 수 없다. 나는 내 요구가 당연하고 합리적이라고 생각하지만 그건 내 생각일 뿐이다. 상대는 변화를 거부해야 할 합리적인 논리와 근거를 쉽게 찾을 수 있다. 구성원은 조직의 일방적인 변화 요구에 저항한다. 그럴듯한 논리를 대고 그 논리를 뒷받침할 증거를 찾아 더욱 자기 생각을 공고히 한다. 점점 더 자기 생각 속에 갇히게 된다. '자기 생각' 상자라는 안전지대에 숨는 것이다. 시민들이 합리적인 주장을 내놓더라도 지자체나 정부가 나름의 반대 논리가 확고하다면 갈등의 평행선만 달릴 뿐이다. 조직도 마찬가지다. 서로가 '자기 생각' 상자에 틀어박혀 좀체 생각을 바꾸려 하지 않는다.

보는 대로 믿는 것이 아니라 믿고 싶은 대로 본다고 하지 않는가? 자기 생각이 신념으로 발전한 구성원은 더 나아가 그럴듯한 논리로 함께할 사람들을 모아 편을 만들고 집단적으로 변화를 거부한다. 자기 신념을 주위에 퍼트려 공모해 변화를 거부할 명분을 만들고 자기를 보호하는 논리와 신념으로 무장한다. 그들의 마음은 이미 일에서 멀어져가고 있다.

생각이 바뀌면 새로운 선택을 할 수 있다

구성원들이 변화에 동의하지 않고 몰입하지 못하는 조직은 변화에 실패할 수밖에 없다. 아무리 뛰어난 전문가의 컨설팅을 받아 시스템을 변경해도 기대한 성과를 얻지 못하는 것도 같은 이유다. 갈등을 극복하지 못하면 비효율과 인재의 이탈로 조직이 무너진다. 하지만 갈등을 극복하면 오히려 새로운 성장의 기회가 생긴다.

리더가 원하는 목표와 구성원이 원하는 목표는 다르지 않을 것이다. 서로 상대방에게 변화를 강요하지 말고 먼저 자신의 변화를 선택해야 한다. 상대방에 대한 자기인식을 바꾸는 것이다. 그래야 상대방을 변화의 주체로 인정할 수 있다. 리더는 구성원을 내 마음대로 조정하고 평가하는 대상이 아니라 자기 변화를 주도할 수 있는 주인으로 존중해야 한다. 리더의 역할은 구성원에게 변화를 강요하는 것이 아니라 변화에 필요한 영감과 자극을 주는 것이어야 한다. 리더가 원하는 것을 구성원이 스스로 선택하도록 생각의 전환을 만들어야 한다. 생각이 바뀌면 새로운 선택을 할 수 있다. 구성원이 스스로 변화를 선택해야 리더가 원하는 성과를 이룰 수 있다.

리더가 변하지 않으면서 '알아서 일 잘하는 인재'를 찾는다는 것은 어불성설이다. 그런 인재는 변화를 거부하는 리더와 함께 일하지 않는다.

5

자발적 동기로
자기 주도적 변화를 꾀한다

언제 기업이 위기 상황에서 벗어난 적이 있었던가. 기업은 항상 위기를 겪기에 조직에 끊임없는 변화와 혁신을 요구한다. 하지만 요구를 강요당하는 구성원은 수동적이다. 변화 주도자인 리더로서는 결과가 늘 불만족스럽다. 과연 사람을 변화시킬 수 있을지 근본적인 의문을 품는다. 변화를 거부하는 구성원들이 답답하게 느껴진다. 그런 구성원들을 주인으로 인정하라는 말이 허울 좋은 구호처럼 느껴진다.

아무리 뛰어난 인재를 영입했더라도 상명하복식 위계질서를 강요한다면 역량을 발휘할 수 없다. 주어진 업무만 수행하다가 점차 열정이 식어버리게 된다. 구성원이 조직의 요구를 비합리적이고 비윤리적이고 비상식적이라고 생각한다면 업무에 대한 몰입과 주도성을 기대할 수 없다. 잉글랜드 축구 1부 리그인 프리미어리그의 선수들은 팀이 자신에게 무엇을 요구하는지 안다. 감독, 동료, 팬들이 기대하는 것이 무엇인지 정확히 알고 있다. 지금 자신이 해야 할 일을 스스로 정의하고 그것에 몰입한다. 기대를 뛰어넘기 위해 자기 기량을 꾸준히 키워나간다. 자기 성과가 조직의 성과와 연결돼 있기 때문이다.

리더의 주요 과제는 몰입도를 높이는 것이다

몰입은 일하면서 느끼는 지극히 개인적이고 심리적인 상태다. 단순히 연봉, 정년 보장, 승진을 넘어서 일에 대한 의미, 성취감, 자기 효능감, 인간관계, 심리적 안전감과 연결돼 있다. 자신이 권한을 갖고 선택한 업무에 책임을 느끼고 몰입하는 건 당연하다.

2017년 갤럽의 조사에 따르면 현재 전 세계 직원의 15퍼센트만이 직장에서 몰입해 일하고 있고 조직과 사회에 특별한 가치를 제공하고 있다고 한다. 반면 85퍼센트는 몰입하지 못하거나 더 나쁘게는 자기 직업과 관리자와 조직을 싫어한다고 말한다.[7] 만약 당신 회사의 생산 설비가 15퍼센트만 가동된다면 어떻게 하겠는가? 당신 회사의 인재들이 자기 역량과 잠재력의 15%만 발휘한다면 과연 조직이 경쟁력을 갖추었다고 할 수 있을까? 조직이 인수합병에 의존하지 않아도 진정한 유기적인 성장을 이룰 여지는 아직 충분하다. 관리자들은 직원들이 잠재력을 극대화하고 몰입해서 일하는 조직문화를 만들어야 한다. 그러기 위해서는 리더십을 바꾸어야 한다.

지난 80년간 갤럽 연구결과를 보면 팀 몰입도의 차이 중 70퍼센트는 전적으로 관리자에 의해 결정된다는 것을 확실히 알 수 있다. 따라서 기업이 당면한 문제는 경영을 위한 프로세스가 아니라 인간의 잠재력 활용 실패에 있다.[8] 미국의 메이저리그에서 뉴욕 양키스는 '양키스 제국'이라 불릴 만큼 명문 구단이다. 2001년에 경제 전문지 『포춘』은 구단주, 감독, 선수 등 숱한 유명 인물이 이름을 떨친 그곳에서 조 토레Joe Torre 감독을 최고의 경영자로 꼽았다.

경제 전문지가 스포츠 분야, 그것도 구단 경영을 맡은 단장이나 사장이나 구단주가 아니라 감독을 주목한 게 흥미롭다. 선정 이유는 관리자, 즉 리더의 중요성을 일깨워준다. 조 토레 감독은 선수 한 명 한 명마다 꾸준히 소통하고 조언했다고 한다. 감성과 친화력이 뛰어난 그는 선수들이 몰입할 수 있도록 동기를 부여하는 코칭 실력이 뛰어났다. 그의 코칭 리더십은 월드시리즈 3연패라는 성과를 만들어냈다.

구성원들의 심리적 갈등과 무관심을 줄이고 주도성을 높임으로써 업무 몰입도를 높이는 일 불확실하고 급변하는 환경에 기민하고 유연하게 대응하는 조직 역량을 재정의하고 개발하는 일은 단순히 사장과 인사 담당자에게 국한되지 않는다. 매일 구성원들과 만나는 리더에게 중요한 과제여야 한다.

구성원의 성장을 꾀하는 통합적 해결 방법을 제시한다

여전히 많은 조직이 최고경영자나 강력한 리더 한 사람에게 절대적으로 의존하고 있다. 그들의 지시는 일방적이고 자기중심적이다. 그들은 공정을 말하지만 구성원들이 보기에는 공정하지 않다. 능력보다 학연과 인맥을 더 중요하게 여긴다. 누구 라인에 서느냐가 성과와 기여와 역량보다도 중요하다. 효율성을 강조하면서도 회식에 참석하고 늦게까지 야근하는 것을 성실성으로 평가한다. 그리고 자기 기준에 맞는 합리만을 강요한다. 이런 조직들이 글로벌 경쟁에서 살아남지 못하고 미래를 담당하게 될 젊은 인재들에게 선택받지 못할 것은 자명하다.

지시형 리더십에서 코칭 리더십으로 변화한다는 것은 관리 스타일과 조직문화를 근본적으로 바꾸는 것이다. 코칭 리더십은 구성원을 스스로 생각하고 선택하고 책임지는 주인으로 존중할 것을 요구한다. 상명하복 관계를 성장을 도와주는 파트너 관계이자 수평적인 관계로 바꾼다. 보상이나 지시에 의한 외적 동기가 아니라 자발적인 내적 동기로써 자기 주도적 변화를 추구하도록 인식의 전환을 유도한다.

6
|
구성원을
스스로의 주인으로 존중한다

일본 코칭업계 대부 에노모토 히데타케榎本 英剛는 『마법의 코칭』에서 코칭의 철학에 대해 다음과 같이 말했다. "모든 사람에게는 무한한 가능성이 있다. 그 사람에게 필요한 해답은 모두 그 사람 내부에 있다. 해답을 찾기 위해서는 파트너가 필요하다."[9] 코칭의 철학은 상대를 무한한 가능성을 지닌 유일한 존재로 여기는 것이다. 상대를 내 마음대로 판단하고 함부로 대해도 되는 존재가 아니라 '스스로의 주인으로 존중하는 것'이다.

코칭 리더십은 코칭의 철학과 핵심 역량을 리더십에 활용한다. 구성원을 조직의 업무 목표를 이루기 위한 도구가 아니라 무한한 가능성이 있는 존재로 본다. 이러한 관점의 변화에서부터 탁월한 성과를 향한 위대한 변화가 시작된다. 구성원을 무한한 가능성의 존재로 받아들이면 조직의 문제해결 방법을 외부에서 찾지 않는다. 구성원이 가진 숨은 잠재력을 활용한다. 구성원 스스로 성장할 수 있는 존재로 신뢰하고 존중한다. 직급과 맡은 역할에 따라 결정 권한의 차이는 존재하지만 인격적으로 동등한 관계를 맺는다. 신뢰가 형성될 때 책임감과 자신감을 느끼게 된다. 신뢰는 자발성과 자기 주도적 성장을 촉진하는 강력한 연료다.

실수를 한 구성원을 잘못된 사람으로 판단하지 말자

상대를 스스로의 주인으로 존중하는 것이 코칭 리더십의 시작이다. 구성원을 주인으로 여기지 않으면서 주인 의식을 강요해선 안 된다. 주인 의식은 스스로 주인이라고 느낄 때 저절로 생기는 의식이다. 주인으로 인정하는 척하거나 주인다운 행동을 해야 인정하겠다고 해서는 생기지 않는다. 코칭 리더십은 구성원이 주인이 돼 스스로 선택하고 결정하도록 요구한다. 자기가 선택했기에 책임과 자유를 느끼고 몰입하고 주도성을 발휘한다. 결과에 책임을 느끼고 성공했을 때 자기 효능감과 자신감을 느끼는 것은 자연스러운 일이다. 누가 지시한 것을 수행할 때와는 당연히 다르다.

리더는 그런 구성원들을 모아 걸출한 작품을 만드는 연출가에 가깝다. 리더는 자신의 방법이 항상 옳다는 생각을 버리고 구성원이 자기 문제를 스스로 해결하는 과정을 함께할 수 있어야 한다. 구성원이 실수했다면 섣부르게 '잘못된 사람'으로 판단하지 말고 먼저 왜 그런 행동을 하게 됐는지 물어보아야 한다. 미국의 헤지펀드 브리지워터는 '이슈로그Issue Log'라는 오픈 데이터베이스를 운영한다. 조직에서 발생한 문제와 실패를 공유하고 그것이 구성원 모두에게 어떤 영향을 끼쳤는지 구체적으로 기록하고 일일이 공유한다. 이슈로그는 실패에 관련된 구성원뿐만 아니라 나머지 구성원들도 실패를 통해 학습할 수 있는 기회를 제공한다. 금융투자라는 업종에서 실패의 용인과 학습은 당장 회계적인 성과에 영향을 주기 때문에 쉽지 않은 선택이다. 이러한 시스템은 실패나 실수나 약점이 노출돼도 안심해도 된다는 신호를 보낸다. 스스로 잘못을 자각하면 스스로 해결 방법을 찾고 노력하며 그 결과를 책임지려고 한다. 문제에 집중하기보다 사람에게 집중한다. 이것이 코칭 리더십이다.

존 휘트모어John Whitmore는 코칭의 핵심 원칙으로 '자각awareness'과 '책임responsibility'을 꼽았다.[10] 코칭 리더십은 높은 성과를 위해 구성원의 자각과 책임을 불러일으킨다. 리더는 경청을 통해 구성원의 관심과 사고가 어디를 향하는지 알아내고, 열린 질문을 통해 상대가 스스로 문제를 자각하고 잠재력을 동원하도록 자극한다. 누군가에게 코칭을 받는다는 것은 인식을 확장해 새로운 관점을 획득하며 자신의 잠재력을 활용할 기회를 얻는 것이다. 코치는 세상에서 온전히 자신을 위해 존재하는 든든한 조력자다. 그것이 리더라면 리더와 구성원은 심리적으로 깊이 연결될 것이다. 변화하는 환경에서 다양한 구성원들의 욕구를 이해하고 그들 각자의 주도적 성장을 위해 마음을 다루는 코칭 리더십이 중요한 이유다.

4차 산업혁명 시대에 자기 주도적 변화는 필수 선택이다

4차 산업혁명 시대에 기업들이 새로운 기업 가치와 경영 목표로 동반 성장, 사회적 가치, 행복 경영, 상생 등을 내세우는 것은 변화하는 환경 속에서 살아남기 위한 불가피한 선택이다. 그러나 변화가 성공을 유지하기 위해서는 그동안 붙들고 있던 개인과 조직의 무의식 속에 숨어 있는 신념과 가정이 바뀌어야 한다. 조직의 건강은 무시한 채 성과 위주로만 하는 변혁은 실패할 가능성이 1.5배 더 높다고 한다. "조직의 건강은 조직이 변화하는 환경에 적응하며 경쟁자들보다 얼마나 빨리 스스로 새로워지며 미래를 창출하는지와 관련이 있다. 조직의 장기적 성공의 열쇠는 구성원이 능력과 창의성을 발휘하고 헌신하게 만드는 것이다. 즉 변화하는 것은 조직이 아니라 사람이다. 그런 의미에서 건강은 지속적인 성공을 성취하는 데 필요한 모든 인간적인 측면을 포함한다."[11]

피앤지P&G는 신입사원들에게 '조기책임제Early Responsibility'라는 프로그램을 운영했다. 소규모 브랜드 판촉과 특정 지역의 구매 업무 등을 직접 맡게 한 것이다. 이때 신입사원은 목표 설정, 업무 수행 방식, 의사결정 등 모든 것을 직접 도맡아 한다. 일개 신입사원이 한 사업 단위를 맡아서 한다는 것은 모의 훈련이나 실습과는 다른 실질적인 비즈니스 행위다. 이러한 프로그램은 개인에게 성취감과 자신의 능력을 가늠하는 기회를 제공한다. 이 과정에서 코칭을 적절히 개입해 자기 완결형 업무를 할 수 있도록 돕는다.

자기 주도적인 변화를 끊임없는 변화를 추구하는 피곤한 삶으로 이해하며 거부하는 사람들도 많다. 자기 주도적인 삶은 지금의 모습에 만족하지 못하고 변화하고 싶은 생각이 들 때 스스로 변화를 선택하는 힘을 가진 삶이다. 자기에게 필요한 변화를 스스로 선택하고 그 결과를 책임지는 역량을 키우는 삶다. 스스로 자신을 돌아보는 시간을 갖거나 코치의 질문을 통해 자신을 점검해 자신이 무엇을 원하는지 자세히 살피고 진심으로 원하는 삶을 사는 것이다. 변화를 원한다면 먼저 자신이 변해야 한다. 자신의 변화를 스스로 주도하도록 돕는 것이 코칭 리더십이다.

7

권력에 집착하지 않고
수평적으로 소통한다

조직에서는 업무에 따라 크고 작은 여러 부서가 있다. 직급에 따라 의사결정 권한의 크기가 정해져 있다. 그러나 아이디어의 수준은 담당 업무, 부서, 급여 수준, 직급 등과 본질적으로 무관하다. 오직 그 의견이 설득력이 있을 때 인정받는다. 결정의 권한은 차이가 있어도 대화는 수평적이어야 하는 이유다. 모두 자기 의견을 동등하게 표현하고 의사결정에 참여할 수 있어야 한다.

그런데 보고하러 갈 때마다 상사가 늘 "그래서?"라고 묻는다면 이 한마디가 상대를 답답하게 한다. "결론이 뭐야?" 이 질문이 당황하게 한다. 상사의 한숨이 좌절하게 한다. 이런 상황을 마주하고 싶지 않다면 수평적인 관계에서 논의할 수 있는 분위기를 만드는 게 중요하다. 정기적 보고 시스템이 문제라는 것이 아니다. 문제는 구성원을 믿지 못하거나 리더의 감정에 따라 필요 이상으로 상대를 긴장하게 하고 상호존중을 방해하는 것이다.

리더는 수평적 대화를 하면 권위를 잃어버리지 않을까 하여 두려워할 수 있다. 카리스마 있는 리더에 비해 질문하는 리더는 자신감이 없는 것처럼 보일까 봐 염려하는 시각이 있다. 그러나 엄격한 리더는 주어진 업무를 빨리 추진할 수 있으나 창의적이고 자발적인 해결 동기를 떨어뜨릴 수 있다. 리더의 능력에 따라 조직의 성패가 좌우된다. 권위적인 리더십을 기대하는 구성원이라면 질문하는 상사가 답답하고 능력이 없다고 생각할 수 있다. 그들은 리더가 시키는 일만 열심히 하고 충성하려고만 한다. 리더의 눈 밖에 나면 권력도 없어지고 생존마저 걱정해야 하는 상황에 놓이기 때문이다.

권력의 크기보다 영향력의 크기에 집중하자

엄격한 리더는 대체로 자기 권력의 크기를 키우는 데 집중한다. 권력의 크기에 의존하는 이들은 수평적 소통을 거부한다. 상사는 지시하고 구성원은 받아 적는다. 우수한 인재를 채용해도 문제점만 찾아 지적하며 어느새 갑을 관계로 만들어버린다. 구성원은 새로운 아이디어가 있어도 표현하거나 시도하지 못한다. 실수를 숨기거나 두려워해 더 큰 기여와 성장의 기회를 못 찾는다. 그들은 상사의 지시를 기다릴 뿐 스스로 답을 찾거나 변화를 주도하지 않는다. 자신의 성장을 도모하지 못하니 타인의 성장을 돕지도 않는다.

최초로 중국을 통일한 진시황은 엄격한 리더십의 대표적인 인물이라 할 수 있다. 특히 법을 집행할 때는 한 치의 망설임이 없었다. 모반의 싹이 보일라치면 가차 없이 제거했다. 그의 엄격한 리더십은 황궁의 분위기를 숨 막히게 만들었고 자율적인 활동을 제약했다. 그는 제국과 문자와 도량형을 통일한 실용적인 면모를 보였다. 하지만 그 누구도 뛰어난 인재로 성장하지 못했다. 그 결과는 어땠는가. 진시황이 죽자 곧 진나라는 몰락했다. 그 많은 신하들은 말도 안 되는 불로장생의 사기극에도 아무런 말도 하지 못했고 일신을 보존하는 데 급급했고 서로를 돕기는커녕 견제와 질시를 할 뿐이었다. 그러니 미래를 위한 준비와 성장을 위한 기회 창출은 아예 생각하지 못했을 것이다.

강력한 중앙집권적 구조는 일사불란하다. 그러나 수직적 구조에 따른 불통의 문제가 늘 제기된다. 반면에 프로젝트에 따라 여러 부서의 담당자들이 서로 협력하며 일하는 느슨한 태스크포스팀 또는 매트릭스 구조에서는 소통이 잘된다. 그러다가 누구를 리더로 정하고 보고하는 구조를 만들면 상하관계를 거부하는 심리적인 저항감이 생기면서 소통이 어려워진다. 나이와 직급과 입사 순서를 따진다. 업무에 집중했던 구조에서 보고하는 구조가 되면서 소통이 부자연스러워지는 것이다. 이때 한 방향 소통에서 양방향 소통으로 전환하는 것을 방해하는 심리적 장벽을 해결하는 것이 매우 중요하다. 그러나 여전히 현장에서는 인사담당자 등 소수만이 이 문제에 대한 해결책을 고민하고 있다.

리더가 구성원의 의견을 경청하지 않으면 구성원들은 리더가 중요하게 여기는 안건을 대수롭지 않게 여길 수 있다. 최접점에서 고객을 만나고 현장을 다니는 구성원은 리더에게 꼭 필요한 정보를 가지고 있다. 그들의 정보와 의견을 무시하는 전략은 완성도가 떨어질 수밖에 없다. 소중한 자원을 낭비하는 것이다. 리더는 그들을 자기 업무의 전문가로 존중하고 전략을 수립하고 결정하는 과정에 초대해야 한다. 그러면 그 결정은 구성원들의 결정이 돼 전략의 실행 가능과 업무 몰입도가 높아진다.

코칭하는 리더는 권력의 크기보다 영향력의 크기에 집중한다. 구성원을 주인으로 존중하고 수평적 소통을 실천할 때 구성원들은 고유한 재능과 장점을 적극적으로 발휘할 수 있게 된다.

지위나 업적보다 무엇을 하는지를 중요하게 여기자

코칭하는 리더는 편견과 장애 요인을 제거해 뛰어난 아이디어와 결정을 이끈다. 스스로 구성원의 존중을 받으며 영향력을 넓혀간다. 리더가 구성원에게 도움이 되는 존재라고 해보자. 그럼 구성원은 중요한 업무 보고를 정기 보고 회의 때까지 기다리지 않는다. 그들은 필요할 때 즉시 찾아온다. 만약 그들이 찾아오지 않는다면 혼자 힘으로 할 일을 명확하게 이해하고 잘하고 있는 것이다. 보고하지 않는 구성원 때문에 걱정되고 답답하다면 그 불안 요인이 무엇인지 점검해야 한다.

코칭하는 리더는 지위나 과거 업적이 아니라 지금 무엇을 하고 있는가를 중요하게 여기는 조직을 구축한다. 그 사람이 중요한 자리에 있어서가 아니라 중요한 일을 하기 때문에 중요하다고 여기는 문화를 만든다. 구성원을 불안하고 좌절하게 하는 불투명하고 불합리한 요소를 제거해 소신껏 반대 의견을 표현할 수 있는 안전한 관계를 형성한다. 수평적 관계를 만드는 리더십은 구성원 각자의 역량을 최대한 끌어낸다.

맥킨지에서는 영향력 있는 리더를 공식적인 직함이나 지위와 관계없이 많은 구성원이 존경하고 본보기로 삼는 사람으로 정의하고 2010년에 설문조사를 실시했다. 그 결과 영향력 있는 리더가 직원들을 동기 부여할 때 그 변화가 성공할 가능성이 3.8배 높았다.[12]

구성원을 믿고 인정하는 것만으로는 리더가 영향력을 가지는 데 한계가 있다. 리더 역시 조직과 업계에서 인정받는 사람이 돼야 한다. 구성원들의 모델이 돼야 한다. 인정받지 못하는 리더는 마음씨 좋고 고맙지만 능력 없는 만만한 사람이 된다. 수평적 관계에서도 인정과 존중이 이루어져야 리더십이 발휘될 수 있다. 리더가 눈에 띄는 성과를 낼 수 있어야 구성원들이 존경하고 신뢰해 먼저 리더를 찾는다. 인정받는 리더의 영향력은 더 강력해진다.

코칭 리더십을 발휘하려면 자기 업무에 대한 능력과 자신감은 필수다. 그러나 실력이 있다고 항상 자신감이 있는 것은 아니다. 실력이 부족하더라도 이 일을 내가 해내고야 말겠다는 열정과 투지가 있으면 기대 이상의 성취를 이루어낼 수 있다. 자기 일에서 행복을 느끼고 그 일이 자신을 위한 것임을 알 때 열정이 생긴다. 그렇기에 반드시 성공할 일만 골라서 하지 않는다. 성공과 실패를 통해 배우고 성장하는 과정을 즐긴다. 지금 어렵더라도 잘될 것이라고 믿는 마음과 지금 하는 일에 대한 긍정적 감정이 자신감을 만들고 자신감은 실력을 키운다.

8

입체적 해석을 위한
생각의 근육을 키운다

타이거 우즈Tiger Woods는 세계에서 골프를 가장 잘 치는 선수다. 그런데 왜 그에게 코치가 필요할까? 자신도 모르게 미세하게 흐트러지는 자세를 점검하고 육체적, 정신적으로 최고의 상태를 유지하고 싶어 하기 때문이다. 그와 마찬가지로 성장을 꿈꾸는 모든 사람에게는 코치가 필요하다. 인간은 불확실성과 다양성을 과소평가하고 자신의 직관과 판단을 과도하게 진실이라고 믿는다. 너무나 당연하게 자기 판단을 정당화한다. 문제가 생겨도 심각게 여기지 않거나 '실패는 성공의 어머니'라고 위로하며 넘어간다.

그러나 지금 당신이 내리려는 결정이 사업이나 인생에 매우 중요하다면, 또는 당신의 확신이 당신에게 중요한 사람들과의 관계를 위협하고 있다면 한 번쯤 그 판단이 자신이 만든 이야기이거나 일부 가정에서만 정당한 것은 아닌지 확인할 필요가 있다. 우리는 종종 자신보다 부족하다고 판단하는 상대가 자신을 어떻게 평가하고 있을지에 대해 심각하게 고민하지 않는다.

조직 운영의 숨은 맹점을 찾아내자

등잔 밑이 어둡듯이 기업 운영에는 항상 맹점blind spot이 존재한다. 미국의 K마트가 역사의 뒤안길로 사라진 것만 봐도 알 수 있다. 19세기의 끝자락에서 문을 연 K마트는 1960년대에 들어서서 대규모 할인마트로 유통업계를 장악했다. 시어즈 백화점이나 월마트와 같은 경쟁 유통기업을 가볍게 제치고 미국을 대표하는 소매 유통기업이 됐다.

K마트의 승승장구에 다른 경쟁 업체들이 가만 있을 리 없었다. 월마트를 비롯한 경쟁 업체들은 K마트를 적극적으로 벤치마킹하고 시장의 지배력을 높이려고 노력을 기울였다. 그러나 K마트는 오로지 공격적인 성장 전략에만 매달려 점포와 상품의 확대만을 고집했다. 그러자 기존 점포의 관리 소홀과 상품 질의 저하 등으로 브랜드 이미지를 갉아먹고 말았다. 문제가 갈수록 커져도 경영진에게 경고 신호는 울리지 않았다. 결국 2002년에 파산신청을 할 수밖에 없었다.

사업이 잘될 때는 문제점이 제대로 발견되지 않거나 발견되더라도 리더에게 피드백을 하기가 쉽지 않다. 리더도 피드백을 먼저 요청할 생각을 하지 못한다. 반대로 실적이 나쁠 때나 긴급한 상황에서는 좁고 한정된 시각에 빠져서 올바른 판단을 놓치기 쉽다. 어쩌면 그때는 이미 회복하기 어려운 상태로 발전됐을 수 있다.

우리는 스스로 자신의 신념과 갈망에 의문을 품고 질문을 던지기 어렵다. 가장 필요한 순간에는 더욱 어렵다. 아무리 강한 사람도 고민하고 갈등하며 외롭고 두려운 순간을 마주한다. 다양한 관점으로 자신에게 필요한 어젠다를 살피는 마음이 부족한 것이다. 그럴수록 자신의 신념과 갈망을 객관적으로 점검하는 것이 필요하다. 코치는 당신의 거울이 돼 당신의 관점을 객관적인 시각으로 점검할 수 있도록 피드백을 하고 맹점을 채워준다. 상황을 입체적으로 해석하는 '생각의 근육'을 키우도록 돕는다.

복잡한 욕구와 감정을 다루어야 한다

조직에서 리더의 주요 업무 중 하나가 관계 문제의 해결이다. 많은 리더가 자기 분야에 성공한 전문가이지만 관계를 구축하고 갈등을 해결하는 전문가는 아니다. 이를 위해 따로 배우거나 훈련을 받은 적이 없다. 시행착오를 통해 터득하기도 한다. 하지만 많은 경우 개인 성격의 문제로 여기며 서둘러 봉합하거나 갈등을 피하려고만 한다. 리더의 태도에 따라 갈등 관리 과정에서 문제가 더 곪기도 한다.

오래 함께 일했지만, 실제 상대에 대해 아는 부분은 조직에서 겉으로 드러난 행동에 불과한 경우가 많다. 리더는 삶의 더 많은 부분을 공유할 수 있는 분위기를 만들어가야 한다. 평소에 잘 이야기하지 않는 추구하는 가치, 강점과 약점, 습관과 기호, 개인적인 고민 등을 함께 나누며 심리적으로 편한 관계를 구축해야 한다. 리더와 조직원들은 서로 깊이 신뢰하고 같은 목적지를 향해 여행을 할 수 있어야 한다.

리더는 구성원과 깊은 신뢰 관계를 구축하기 위해 코치의 도움을 받을 수 있다. 코치는 복잡한 인간 내면의 욕구와 감정을 파악하고 다루는 훈련을 받은 전문가이기 때문이다. 필요에 따라 갈등 해결을 위해 코치가 직접 나서기도 한다. 국가 간 민감한 문제해결에도 외교 채널을 이용하듯이 민감한 문제일수록 말 너머의 의도를 이해하고 정교하게 문제 해결을 도와줄 중개인이 필요하다.

다시 말하면, 리더는 자기 생각에서 빠져나와 다양한 관점으로 재해석하고 스스로 해결책을 도출할 수 있도록 생각의 근육을 단련해야 한다. 내 판단과 내 입장을 생각하기 전에 먼저 상대를 살피는 마음의 여유를 갖게 되면 불필요한 갈등과 감정 낭비를 줄일 수 있다.

9

성공한 리더 곁에는
코치가 있다

리더 중에는 당면 문제를 해결하기 위해 한 수 가르침을 주는 것을 코칭이라고 생각하기도 한다. 그래서 성공한 자기 경험을 가르쳐주면서 코칭을 잘하고 있다고 믿는다. 그리고 이미 성공한 그들 자신은 코칭이 필요하지 않다고 생각한다. 오히려 코치의 도움을 받는 것을 부끄럽게 여긴다. 이미 성공했고 자신이 전문가라고 생각하는데 누구에게 도움을 요청하겠는가? 그러나 코칭은 어떻게 문제를 해결할지에 대한 조언을 듣는 것이 아니다. 스스로 자기 내면에서 답을 찾을 수 있도록 인식을 확장하고 생각을 명료하게 정리하는 과정이다.

리더는 많은 어려운 결정을 내려야 하는 위치임에도 실질적인 도움을 줄 만한 사람을 가까이 두기에는 한계가 있다. 특히 최고경영자는 사안에 따라 비밀이 완벽하게 보장되지 않거나 불필요한 오해나 이해 상충 등이 염려돼 측근들에게도 속 깊이 터놓고 이야기하기 어렵다.

또한 노란 경고등이 켜져도 빨간불을 대비하기보다 숨기거나 파란불이라고 하며 눈을 가리는 사람들에게 둘러싸여 있기 쉽다. 그래서 리더는 종종 외부 전문가에게 의존한다.

외부 전문가라 할지라도 리더가 처한 상황을 통합적이고 입체적으로 이해하기보다 리더의 관점에서 왜곡된 단편적인 정보를 토대로 판단하고 조언한다. 그들은 자신의 분야에서 전문가이지만 그들의 조언을 그대로 적용하면 부작용을 일으키거나 지속적인 변화를 만들지 못할 수도 있다. 그럼에도 외부 전문가의 도움을 찾는 것은 그만큼 성공한 경영자가 조직에서 외로움과 중압감을 느끼고 있으며 누군가의 실질적인 도움이 필요하다는 방증이다.

코치는 리더십의 완성을 돕는다

코치는 리더들의 정신적 파트너로 리더들이 일하는 현장에 존재한다. 자발성이 결여된 채로 회사에서 준비한 코치와의 만남을 몇 번 가졌다고 해서 눈에 보이는 변화와 성과를 기대하는 것은 무리가 있다. 코치는 리더들이 당면한 고민을 현장에서 함께 해결하는 역할을 넘어선다. 리더의 잠재의식이나 무의식적으로 내리는 의사결정 습관, 관계를 구축하고 소통하는 방법을 점검하고 자신을 돌아보는 기회를 제공해 리더 스스로 문제를 해결하도록 돕는다. 그럴 때 비로소 리더십이 완성된다.

나 역시 지금도 가장 많이 하는 실수는 내가 코칭을 잘 활용하고 있다는 착각이다. 누군가가 나를 비춰주지 않는다면 어설프게 코칭을 흉내 내며 상대가 아니라 나를 위한 코칭질과 질문질을 하면서 성공적인 코칭이라고 착각할 것이다. 그래서 다른 코치들에게 주기적으로 코칭을 받고 내 자신을 점검하고 성찰한다. 매일 넘어지지만 다시 일어설 수 있다.

소매를 걷어붙이고 손에 흙을 묻히는 게 코치다

구글에서 최고경영자와 초대 회장을 역임한 에릭 슈미트Eric Emerson Schmidt는 저서 『빌 캠벨, 실리콘밸리의 위대한 코치』[13]에서 여러 성공한 리더들의 코치였던 빌 캠벨Bill Campbell을 소개했다. 에릭 슈미트 역시 처음에 존 도어John Doerr에게서 코칭을 받으라는 충고를 듣고 탐탁하게 여기지 않았다고 한다. 그는 빌 캠벨에게 코칭을 받은 후 구글의 많은 리더에게도 소개하고 코칭을 받게 했다. 또 빌 캠벨에게 이사회를 포함해 다양한 미팅에 언제든지 참석할 수 있게 하는 등 구글의 경영에도 적극적으로 끌어들였다. 지금 구글의 경영 성과는 물론이고 자신과 구글의 중역들을 코칭한 코치에 대한 책을 쓰기까지 했다. 그들에게 코치가 끼친 영향력이 얼마나 큰지를 단적으로 보여준다. 구글의 창업자들은 그가 없었다면 지금의 구글로 성장할 수 없었을 것이라고 말한다. KT의 신수정 전 부사장은 다음과 같이 추천의 글을 써 우리나라 현실과 비교했다.

"우리나라의 많은 CEO들도 코칭을 받지 않는다. 그들은 자신이 최고라고 생각하고 상사로부터 배우거나 책을 읽거나 최고경영자 과정, 인문학 과정, 각종 모임에 참석해 강의를 듣는 것이 자기계발 활동의 전부다. 구글과 애플의 최고경영자들이 전직 풋볼 코치의 코칭을 받는 것과 사뭇 대조적이다."

전직 풋볼 코치인 빌 캠벨은 실리콘밸리의 알려지지 않은, 그렇지만 더 큰 성공을 꿈꾸는 경영자들이 앞다투어 코칭을 받기를 원했던 코치였다. 빌 캠벨은 매주 일요일 스티브 잡스Steve Jobs와 산책을 했다. 빌 캠벨은 자신의 고객인 스티브 잡스와 인간적인 신뢰를 구축하고 인수합병과 같이 굵직한 문제나 사업에 필요한 중요한 결정은 물론이고 인재의 채용과 해고 등 다양한 이슈를 시간과 장소를 가리지 않고 함께 고민했다. 와튼 경영대학교 애덤 그랜트Adam Grant 교수는 책의 서문에서 코치를 이렇게 소개하고 있다.

"멘토는 지혜를 전수해주지만, 코치는 소매를 걷어붙이고 손에 직접 흙을 묻힌다. 그들은 잠재력을 믿는 것에 그치지 않고 경기장에 직접 뛰어들어 그것을 실현해내도록 돕는다. 스스로 보지 못하는 부분을 볼 수 있도록 거울을 들어주고 어려움을 혼자서 헤쳐나갈 수 있게 붙잡아준다. 더 나은 사람으로 성장시키는 데 책임감을 느끼지만 업적에 대해서는 공로를 취하지 않는다."

전문 코치의 코칭을 받는다는 것은 부끄러운 일이 아니다. 코치는 리더가 더 큰 성공과 성장을 원한다면 마땅히 함께해야 할 든든한 지원군이고 강력한 무기다. 그들을 업무의 현장으로 초대하라.

10

|

메시지보다
메신저가 중요하다

리더가 무엇을 말하느냐보다 리더의 인격과 행동이 더 큰 영향을 미친다는 사실을 명심하자. 감동적인 연설을 할지라도 당신의 인격과 행동이 뒷받침되지 않으면 감동은 금세 증발한다. 구성원은 실망하고 메시지는 손상된다. 우리는 완벽하지 않은데 이미 스스로 완벽해진 것처럼 착각한다. 리더의 말이 타당하더라도 스스로 인식하지 못한 어떤 모습 때문에 구성원이 저항할 수 있다. 남들에게는 친절하고 겸손한 사람이 매일 마주치는 가족과 구성원들에게는 겸손과 친절을 보여주지 못한다.

강력한 도전은 반드시 필요하다. 그러나 전달 방법을 간과해서는 안 된다. 구성원이 리더의 의도를 질책으로 여기고 두려워하거나 방어적인 태도를 보인다는 것은 좋지 않은 신호다. 또는 스트레스를 받아 안목이 좁아져 자율성을 상실하게 된다면 리더의 역할에서 실패한 것이다. 말하는 방식에 따라 결과는 완전히 달라진다. 구성원이 거부하는 것은 메시지가 아니라 메신저일 수 있다.

당신 안에 없는 것을 가르치려 하지 말자

2020년 잡지 『하퍼스』에 미국에서 「정의와 열린 토론에 관한 편지」라는 글이 실렸다. 표현의 자유에 대한 이 글에 150여 명의 유명 작가와 지식인이 서명했다. 글 내용 자체는 나무랄 데 없이 훌륭한 개념이 담겨 있었다. 그런데 서명자들의 면면에서 논란이 일어났다. 성소수자 차별 발언을 한 작가, 성차별과 인종차별을 옹호하는 듯한 발언을 한 학자, 과격한 남성 혐오주의자 등 서명 참여자 중 일부가 문제가 된 것이다. 그러자 일부 서명자들이 서명을 철회하는 등 논란이 계속됐다. 메시지가 올바르더라도 메신저의 평소 가치와 행위와 다르다면 가식적으로 비쳐질 수밖에 없다. 같은 이야기라도 누가 하느냐에 따라 다르다. 리더를 신뢰하지 않으면 자발적 동기는 숨을 멈춘다. 리더의 관심이 멀어지는 순간 변화는 멈추거나 거부된다. 지속 가능한 변화와 경쟁력은 멀어진다.

당신 안에 없는 것을 가르치려 하지 말자. 배워서 시도하겠다고 미루지도 말자. 그보다는 제때 전문가의 도움을 받는 것이 낫다. 완벽한 리더인 척할 필요가 없다. 지금 구성원에게 부족함을 인정하고 함께 배우고 성숙해가는 과정에 있다고 말하자. 무조건 외부 전문가에 의존하는 것도 문제지만 모든 것을 리더가 직접 해결해야 한다는 신념도 문제다. 직접 배워서 시도하려는 의욕은 아름답지만 안심하지 못해 모든 업무를 리더가 다 챙겨야 한다면 이미 자신이 조직의 성장에 걸림돌일 수 있다는 가능성을 고민해야 한다. 적극적으로 전문가의 도움을 받고 리더가 변화의 촉매자가 되는 것이 더 효과적일 수 있다.

코칭을 포기하지 말고 코칭 가능한 순간을 기다리자

열심히 일한 결과 '어쩌다 리더'가 된 리더는 제대로 리더십을 고민하거나 훈련받지 못했다. 조직의 성과를 달성하기 위해 구성원에게 동기부여를 하고 갈등을 조정하고 몰입으로 이끄는 등 사람을 다루는 일에 서투르다. 구성원은 정시에 퇴근하지만 리더는 혼자 남아 그들이 못다 한 업무를 직접 처리한다. 임원이 되기 전 부장 시절보다 더 열심히 일하다 결국 번아웃burnout된다. 이런 유형의 리더에게 코칭은 또 다른 업무로 인식돼 스트레스가 된다.

좀처럼 자기 생각을 바꾸려 하지 않는 구성원도 조직에 존재한다. 어떤 이유에서든 그들은 이미 조직에 대한 시각이 지나치게 부정적이고 월급 받은 만큼만 일하면 된다고 생각한다. 개인의 성장은 조직을 위한 일이지 자신을 위한 일이 아니라고 여긴다. 문제는 그들이 자기 모습을 쉽게 드러내지 않는다는 사실이다. 가면을 쓰고 본 모습을 감추거나 또는 리더의 편견이 그 발견을 방해한다. 그들은 일터에 안전지대를 만들고 반목과 소모적인 경쟁을 일삼아 일터를 싸움터로 만든다. 그들을 상대하는 일은 리더에게 큰 부담이다.

변화의 파동이 만들어지는 순간을 '코칭 가능한 순간coachable moments'이라고 한다. 변화를 거부하는 이들은 꽁꽁 얼어붙은 호수 같다.

그들이 스스로 변화하겠다고 마음먹는 '코칭 가능한 순간'까지 도달하는 속도는 개인마다 차이가 있다. 작은 돌멩이질에 바로 파동이 일어나는 맑은 호수 같은 상태의 구성원도 있지만 그렇지 않은 상태의 구성원도 있다. 얼어붙은 호수 같은 구성원에게 코칭 리더십을 발휘하는 것은 쉽지 않은 도전이다. 코칭에 문제가 있는 것이 아니라 조직이 그만큼 복잡하면서도 문제해결에 주어진 시간이 짧기 때문이다. 그렇다고 성급하게 좌절하고 포기할 필요가 없다. 코칭 리더십은 여전히 필요하고 강력한 효과를 발휘한다.

리더의 코칭은 어떤 코치보다 강력하다. 코치의 도움을 받고 리더가 코칭 리더십을 실천하면 코칭 가능한 구성원부터 리더로 성장한다. 그들은 다른 구성원에게 영향을 주고 리더로 성장하는 것을 돕는 촉매 역할을 한다. 얼음이 녹기 시작하면 빠르게 확산된다.

회사의 성장을 원한다면 리더가 먼저 자기 변화를 시작해야 한다. 변화의 시작은 리더의 몫이다. 누구에게 위임할 수 없다. 변화와 성장을 위해 여러 분야의 전문가와 코치를 곁에 두고 도움을 받을 수 있다. 잭 웰치, 빌 게이츠, 스티브 잡스, 래리 페이지, 에릭 슈미트, 제프 베조스 등 수많은 세계적인 기업의 리더와 조직이 코칭을 받았다. 지금은 세계적인 회사가 아니지만 5년 뒤, 10년 뒤 세계적인 회사로 성장하길 갈망한다면 지금 바로 코칭 리더십을 시작하자. 지금의 구글과 아마존도 처음은 당신의 회사와 다르지 않았다.

2장

자기 주도적 변화

조직문화가
자기 주도적이어야 한다

1

위대한 리더는
좋은 질문을 한다

"고객의 무리한 요구로 계약 체결이 지연되고 있습니다. 행여 잘못될까 걱정입니다. 어떻게 하면 좋을까요?"

영업을 담당하는 윤 차장이 난감한 표정을 지으며 물었다. "윤 차장은 어떻게 했으면 좋겠습니까?"라고 묻자 그런 걸 왜 물어보냐는 듯이 의아한 표정을 지었다. "어떤 방법들이 있을까요?" 다시 질문을 했다. 그는 머리를 긁적거리며 당황해했다. 잠시 망설이더니 "지시만 내려주시면 최선을 다하겠습니다."라고 대답했다. 나는 속으로 당황했지만 일단 "솔직하게 표현해주어 고맙습니다." "좀 고민해보고 내일 다시 이야기합시다."라고 말했다. 그리고 따로 배경을 자세하게 알아보았다.

전임 리더는 자세한 배경 설명이 없이 무엇을 하라는 지시만 했다고 한다. 지시의 배경과 업무에 필요한 정보는 측근을 통해 '카더라 통신'으로 전달됐다. 구성원들은 매일 리더의 심기 예보를 확인하고 눈치 보며 일하는 문화에 길들어 있었다. 그들에게 리더는 베일에 싸여 무엇을 원하는지 정확하게 알 수 없고 높은 곳에서 결과만 지적하고 평가하는 존재였다. 자기 생각을 묻는 리더를 이상하게 느끼는 것은 당연했다. 어쩌면 한 번도 자신은 어떻게 하고 싶은지 고민해본 적이 없을지도 모른다.

질문이 정답보다 중요하다

위대한 리더는 위대한 질문을 한다. 코칭 리더십의 강력한 무기는 질문이다. 소크라테스Socrates는 "질문이 정답보다 중요하다."라고 했다. 리더의 질문을 받은 구성원은 스스로 답을 찾는 과정에서 생각하는 힘이 자란다. 걸프전 승리의 공로자이자 부시 행정부에서 국무장관을 지낸 콜린 파월Colin Powell은 전략적 질문을 잘한 인물로 유명하다. 그는 상황 판단을 하기 위해 여러 질문을 하고 답을 구하는 과정에서 승리의 전략을 도출했다고 한다. 그의 질문을 8가지 전략형 질문이라고 부른다. 전쟁을 앞두고 다음과 같이 질문을 던진다.

1. 국가 안보의 토대가 위협받는가?
2. 국민이 이 조치를 지지하는가?
3. 국제 사회의 지원을 받을 수 있는가?
4. 위험 요소와 비용을 제대로 분석했는가?
5. 비폭력적 수단을 전부 사용했는가?

6. 예상 결과를 꼼꼼하게 분석했는가?

7. 분명하고 성취 가능한 목표가 있는가?

8. 지리멸렬한 사태를 피할 출구 전략이 있는가?

질문에 대한 답을 도출한 뒤 치른 걸프전은 미군을 비롯한 다국적 연합군의 승리로 끝났다. 대선 출마 요청이 들어왔을 때도 전략적 질문이 활용됐다고 한다. 그 질문에 대한 답을 하나씩 심사숙고하여 불출마를 결정했다.

좋은 질문은 상대가 자신에게 도움이 됐다고 느끼는 질문이다. 상대를 알아야 그에게 필요한 질문을 할 수 있다. 그러므로 질문은 상대에 대한 순수한 호기심에서 시작된다. 옳고 그름을 분별하거나 예스와 노로 답해야 하는 질문, 분석이 목적이거나 숨 막히고 집요한 질문, 내가 원하는 답을 얻기 위해 몰아세우는 질문은 지양해야 한다. 강도 높은 질문을 하기 위해서는 더욱 상대의 입장을 존중하고 이해하려는 자세가 필요하다. 상대의 상황을 이해하고 무엇이 지금의 생각과 행동을 이끌었는지 이해하려는 질문을 찾아야 한다. 질문을 찾는 과정에서 리더도 성장한다. 상대에게서 자신을 발견하기도 하고 자신과 다른 모습을 발견하기도 한다.

비판하기보다 이유와 배경에 호기심을 가지자

질문을 불편해하는 리더들도 많다. 지시하면 빠른데 질문하고 대답을 듣는 과정이 비생산적이라고 생각한다. 묻고 대답하는 과정을 답답해 한다. 회사의 중요한 프로젝트를 완수하기 위해서는 저마다 인내가 필요하다는 것을 알고 강조한다. 그러나 왜 사람의 변화에 대해서는 그만한 인내심을 발휘하지 못할까? 그 사람이 중요하다면 사람의 성장에 투자해야 한다.

리더의 단순하지만 강력한 질문 하나가 자신을 돌아보게 하고 이야기보따리를 풀게 만든다. 리더는 나와 다른 상대의 의견과 행동을 비판하거나 지적하기 전에 그 이유와 배경에 호기심을 갖고 질문해야 한다. 비록 나는 동의할 수 없어도 상대의 입장에서는 그럴 수 있다는 가능성을 인정하고 그 배경을 설명해달라고 요청할 수 있어야 한다.

▮▮ 질문을 돕는 도구 사용하기

질문은 취조나 심문이 아니다. 호기심으로 접근해야 한다. "너 그거 알고 있어? 그래서 네가 문제야."라고 사실을 확인시키는 것이 목적이 아니다. 새롭게 생각하며 자신의 답을 찾는 것을 도와주는 것이 목적이다.

때로는 질문을 돕는 도구를 사용한다. 시중에서 그림 카드, 성찰 카드, 질문 카드 등 자신에게 적합한 카드를 몇 개 사서 사무실에 두고 활용한다. 카드를 사용할 때는 양해를 구하고 시작한다. 리더는 상대방이 자기 마음이 이끄는 대로 카드를 고르게 하고 선택의 이유를 설명하게 한다. 그 과정에서 스스로 생각을 정리하고 답을 도출해낼 수 있도록 돕는다.

도구를 적절히 활용하면 대화에 거부감이 줄어든다. 리더가 무작정 질문만 하면 거북하고 취조당하는 느낌을 받을 수 있다. 카드의 질문은 의도가 느껴지지 않고 중립적이며 자기 선택에 대해 호기심이 생기고 질문에 집중하도록 돕는다. "사실 이런 게 문제예요."라는 말이 나올 때까지 기다린다. 리더가 자기 의견을 미리 알려서 상대방이 생각할 기회를 막지 않도록 유의한다. 리더의 생각으로 유도하지 말아야 한다.

적용 사례

고객지원팀 현 차장이 요즘 평소와 다르게 자주 팀 미팅을 했다. 팀원들의 표정에도 전과 다르게 긴장감과 불편함이 드러났다. 현 차장은 맞벌이 부부다. 아이들과 남편을 위해 부득이 6개월간 단축 근무를 시작한 지 두 달이 다 돼간다.

코치 　현 차장, 잠깐 이야기 좀 할까요? 요즘은 집안일로 바쁘기도 하지만 집에 있는 시간이 늘어 아이들과 남편이 좋아하겠네요.

현 차장 　네. 아무래도 훨씬 좋아하죠. 그런데 집안일이란 것이 해도 해도 끝이 없네요. 빨리 정리가 돼야 할 텐데 걱정이에요.

코치 　내가 도와줄 것이 있을까요?

현 차장 　아니에요. 조금 지나면 괜찮아질 것 같아요.

코치 　내가 보기에 전과 비교해 사무실에서 긴장하고 회의도 많아진 것 같아서 살짝 걱정되는데요. 요즘 무슨 근심이라도 있나요? 내가 도와주고 싶어서 그래요. 여기 포스트잇에 자유롭게 걱정거리를 한 가지씩 적어볼래요? 내게 보여줄 필요는 없어요."

현 차장 　(골똘히 생각을 한 뒤에 포스트잇에 적기 시작한다. 대여섯 장 정도 적더니) 생각보다 걱정이 많네요.

코치 　적고 나니까 어떤 생각이 들어요?

현 차장 　적으니까 정리도 되고요. 제가 전과 비교해 요즘 많이 조급하고 불안한 것 같아요.

코치 　요즘 조급하고 불안하군요. 좀 자세하게 설명해줄래요?

현 차장 제가 단축 근무를 한다고 우리 팀이 맡은 일이 잘못되면 안 되잖아요. 제가 없을 때 '팀원들이 실수가 늘거나 긴장이 풀리면 어떡하지?' 하는 걱정이 생겼어요.

코치 그렇군요. 현 차장의 책임감이 다시 느껴지네요. (상자에서 그림 카드를 꺼내 책상에 펼쳐두고) 지금 본인 모습을 잘 표현하는 그림을 하나 골라볼래요?

현 차장이 고른 카드를 보며 조심스럽게 다음과 같은 질문을 이어가며 대답을 듣고 대화를 마무리한다.

- 현 차장이 원하는 상태를 묘사하는 그림은 어떤 것인가요?
- 구성원들은 이런 생각을 하는 현 차장을 어떻게 생각할까요?
- 무엇을 새롭게 시도해보고 싶으세요?
- 오늘 대화에서 느낀 점이나 새롭게 생각한 것은 무엇인가요?

2

깊은 내면의 연결로
남다른 팀워크를 이룬다

"업무 보고는 언제부터 받으시겠습니까? 바로 준비할 수 있습니다."

취임 인사를 마치고 방으로 돌아오는데 관리 업무를 담당하는 강 부장이 목소리에 힘을 주며 자신 있게 말했다. "미리 챙겨주셨네요. 고맙습니다. 도움이 될 회의를 골라서 알려주세요. 천천히 배우겠습니다. 아까도 설명해드렸지만 먼저 주요 팀장들부터 일대일 면담을 하고 싶습니다. 개인이 원하는 일정을 보내주세요. 그리고 조직도와 이력서도 모아서 먼저 보내주세요." 강 부장은 업무 파악을 서두르지 않는 상사의 모습이 이해되지 않는다는 듯한 표정을 지으며 총총히 방을 나갔다.

상대를 제대로 알기 위해서는 시간이 필요하다. 그러나 의도적으로 상대를 알기 위해 노력하지 않는다면 아무리 오랫동안 함께 일했다고 해도 상대에 대해서 잘 안다고 말할 수 없다. 시간이 흐르면서 알게 된 정보도 자기 관점으로 걸러진 주관적인 판단에 머무르기 때문이다. 다음과 같은 질문을 스스로에게 해보자.

- 당신은 구성원에 대해 얼마나 알고 있나요?
- 반대로 구성원은 당신에 대해 얼마나 알고 있나요?
- 범위를 좁혀 당신에게 직접 보고하는 핵심 인재들에 대해 얼마나 알고 있나요?

리더가 함께 일하는 구성원을 제대로 평가하기 위해서는 다양한 관점으로 바라볼 줄 알아야 한다. 먼저 구성원의 업무와 능력을 파악하는 데 집중한다. 담당 업무와 진행 상황, 해결해야 할 문제점, 이력서에 드러난 과거 경력, 전공과 보유 기술 등을 이력서와 업무 보고서 같은 자료와 일대일 면담 등을 통해 알아본다. 이때 자기 기준으로 상대에게 꼬리표를 붙이지 않는다. 선입견 없이 상대를 있는 그대로 수용하려고 노력한다.

업무를 파악하고 난 후에는 구성원이 어떤 사람인지 아는 것에 우선순위를 둔다. 구성원이 자신의 필요를 위해 어떻게 계획을 세우고 주변 사람들과 관계를 맺으며 영향력을 미치는지 관찰한다. 그리고 대화를 통해 구성원이 살아온 인생의 맥락을 이해하려고 노력해야 한다. 가령 구성원 스스로 자기 장단점을 어떻게 인식하고 있으며 어린 시절 무엇을 할 때 몰입하고 즐거움을 느꼈는지 알 필요도 있다. 어릴 적 꿈과 앞으로 되고 싶은 모습에 관해서도 이야기를 나눈다. 살면서 큰 영향을 받은 사건과 사람들도 알아두는 게 좋다. 가족과 친구들에게 인정받고 싶은 모습과 중요하게 여기는 가치와 재능도 파악한다.

이런 과정에서 비로소 상대를 제대로 알 수 있는 관계가 시작된다. 구성원을 제대로 알면 그가 업무를 어떻게 처리하는지 이해하기가 쉽고 예측이 가능해진다. '나라면 이렇게 생각하겠지만, 그는 그 상황을 나와 다르게 받아들이는구나.' '그는 이렇게 이해하고 행동하며 표현하는구나.'라고 공감하는 것이다.

심리적으로 깊은 연결을 추구하자

마이크로소프트의 최고경영자인 사티아 나델라Satya Nadella는 저서 『히트 리프레시』에서 시애틀 시호크스 풋볼팀을 슈퍼볼의 우승으로 이끈 피트 캐럴Pete Caroll 감독이 고용한 심리학자 마이클 저베이스Michael Gervais를 초대해 핵심 경영진들과 함께한 자리에서 개인적인 열정과 철학을 공유한 장면을 소개한다. 그들은 답답한 회의실을 벗어나 편안한 공간에서 가정과 조직에서 자신이 어떤 사람이며 앞으로 어떤 사람이 되고 싶은지 이야기를 나눈다. 사티아 나델라는 서로 깊이 공감했던 그 순간이 자신의 목표와 조직과 팀원들의 역량이 연결되는 가슴 뛰는 경험이었다고 소개했다.[2]

리더는 구성원들과 심리적으로 깊이 연결되는 관계를 추구해야 한다. 깊게 연결된 팀의 팀워크는 남다르다. 새로운 조직을 맡은 리더라면 구성원들과 일대일로 만나 대화하면서 상대가 스스로 내면을 탐구할 수 있는 계기를 마련해야 한다. 구성원을 자기 업무 분야의 전문가로 인정하고 조직에서 그에게 기대하는 바와 맡은 업무를 어떻게 인식하고 있으며 더 큰 성과를 내기 위해 무엇이 필요한지 물어본다. 다음과 같은 질문을 활용해볼 수 있다.

- 업무에서 전문가가 된다는 것은 어떤 의미인가요?
- 어렸을 때 꿈은 무엇이었나요?
- 회사를 떠나는 순간에 어떻게 기억되고 싶나요?
- 즐거움을 느끼고 몰입했던 순간은 언제인가요?
- 당신을 사로잡는 일은 무엇인가요?
- 당신을 미치도록 행복하게 만드는 일은 무엇인가요?
- 당신을 동료, 가족, 친구들은 어떤 사람이라고 표현할까요?
- 지금 무엇이 필요한가요? 그 이유는 무엇인가요?
- 무엇에 동기가 자극되고 어떤 상황을 참기 힘들어하나요?
- 어떤 경험이 그 믿음을 갖게 했나요?

이런 질문을 통해 리더는 구성원이 생각하는 성공은 무엇인지, 성공을 위해 무엇을 하기 원하는지, 업무에 몰입하기 위해 필요한 것은 무엇인지, 갈망하는 것은 무엇인지 알려고 노력하면서 상대의 내면과 연결될 수 있다. 구성원도 그동안 고민해보지 않은 질문에 답을 찾아가면서 자신을 탐구하는 계기를 삼을 수 있다.

각 구성원의 성과를 조직이 원하는 방향으로 정렬하자

물리학에서 크기를 측정하는 방법으로 스칼라scalar와 벡터vector가 있다. 스칼라는 크기만 있는 물리량이고, 벡터는 크기와 방향이 있는 물리량이다. 예를 들어 무게는 스칼라고 힘은 벡터다. 스칼라는 각각 크기의 합이 전체의 합과 일치한다. 하지만 벡터는 크기가 같은 두 개라 할지라도 서로 방향이 반대라면 그 합은 두 배가 아니라 0이 된다. 각각의 크기와 방향이 전체 합에 영향을 미친다. 벡터처럼 구성원의 성과를 조직이 원하는 방향과 정렬하는 것이 중요하다. 동일한 작업이 반복되는 생산 현장이 아니라면 개인들의 작업 결과의 합이 조직 전체 성과로 바로 연결되지 않는다. 조직의 성과와 연결되지 않는 직원의 몰입과 성과는 의미가 없다.

리더는 구성원의 업무를 자기 가치를 실현하는 일로 연결하고 구성원이 혼자서 이룰 수 없는 더 큰 성공과 가치를 만들어내 그 성과를 나눌 수 있어야 한다. 그럴 때 회사 업무가 자기 가치의 실현을 위한 의미 있는 활동으로 여겨져 주도적으로 몰입하고 싶은 동기를 느낀다. 그와 반대로 지금 하는 업무가 자기 가치의 실현과 무관하다면 근사한 회사 식당이나 복지 제도나 어떤 달콤한 인센티브도 지속적인 효과를 기대하기 어렵다. 리더가 구성원의 내면과 연결되어야 하는 중요한 이유다.

▮▮ 구성원과 일대일 만남 갖기

처음부터 상사와의 일대일 만남을 반길 구성원은 드물다. 약점을 잡히지 않으려고 조심하고 긴장한다. 과장하거나 왜곡해서 표현하는 사람도 있고 필요한 말을 제대로 표현하지 못하는 사람도 있다. 첫 만남에서 구성원이 미팅 결과에 대해 만족할 만한 분위기를 만드는 것이 중요하다. 리더가 무리하게 시도하면 구성원은 거북하고 당황한다. 때로는 평가로 받아들일 수 있다. 상대의 수비적인 태도는 내면의 연결을 방해한다. 첫 실패를 만회하기 위해서는 나중에 몇 배의 노력을 들여야 한다.

그렇다고 구성원에게 좋은 모습만 보이라는 말은 아니다. 구성원이 안전하게 느끼고 자신을 돌아볼 수 있는 분위기를 만드는 것이 중요하다. 그것이 미팅의 목적이기 때문이다. 사전에 동의를 받고 강점 진단을 한 후 그 결과를 가지고 대화를 나누면 좀 더 편안하게 미팅을 시작할 수 있다. 상대가 마음의 문을 열 수 있도록 다음과 같이 대화를 이끈다.

- 먼저 질문해도 되는지 동의를 구한다.
- 상대에 대해 궁금하고 제대로 알고 싶어서 질문하는 것이라는 것을 알려준다.
- 불편하면 대답하지 않아도 되고 정답은 없다는 점을 명확하게 한다.

- 상대가 사용한 단어나 표현을 최대한 그대로 사용해 그 뜻이 왜곡되지 않도록 한다.
- 상대의 표현 중 핵심 단어, 느낌, 은유적인 표현에 주목해 질문을 이어나간다.

첫 미팅은 내면의 연결을 위한 교두보를 만드는 데 집중한다. 구성원의 가치관과 성품을 이해하고 인정하려고 노력하는 것은 그 스스로 자신을 성찰해 가치 중심적인 삶을 살게 하는 것이 목적이다. 리더가 직접 하지 않고 전문 코치에게 맡기는 것도 좋다. 그러면 좀 더 솔직하고 직접적인 대화를 할 수 있다.

3

충고하지 않고
스스로 선택하게 한다

"팀장님, 좀 헷갈리고 불안합니다."

아침 일찍 한 과장이 찾아왔다. 나에게 직접 보고하는 라인의 과장은 아니지만 현장의 최접점에서 고객을 만나는 업무를 담당하고 있어서 주기적으로 만나 대화를 나누어왔다. 갑자기 찾아와 당황스러웠지만 지방에서 근무하는데 아침 일찍 찾아온 이유가 있을 것이라는 생각이 들었다.

한 과장의 말을 들으니 직속 상사인 임 부장이 다른 부서인 오 부장의 업무를 장기간 지원하라고 지시했다는 것이다. 그는 오 부장 조직의 업무가 늘어 사람이 부족한 것은 이해되지만 임 부장 조직도 바쁘긴 마찬가지라고 했다. 그런 상황에서 다른 조직의 지원 업무를 맡기니 자신이 눈 밖에 난 것이 아닌가 염려가 됐다. 또 갑자기 두 상사의 지시를 받게 되는 상황이 불편하기도 했다. 한 과장은 갑작스러운 업무 변화가 불편해 의욕이 떨어졌고 집중이 되지 않았다. 회사의 형편을 추측하면서 상사의 결정은 받아들이긴 했지만 자기 미래에 어떤 영향을 미칠지 몰라 고민하고 있었다. 나는 먼저 그의 불안한 마음을 알아주었다. 최선을 다하려는 노력을 칭찬하고 아침 일찍 찾아올 정도로 자기 미래를 걱정하는 한 과장의 입장을 공감했다.

코치 한 과장은 앞으로 5년 뒤에 어떤 모습이 되고 싶어요?

한 과장 제가 계속 다니고 있다면 서비스 매니저 정도는 하고 있지 않을까요?

코치 서비스 매니저 역할을 하고 싶지만 지금 상황이 당황스럽고 미래가 어찌 될지 예측할 수 없어 불안하다는 말이군요. 한 과장 같은 인재가 오죽하면 그런 마음이 들었겠어요.

한 과장 네, 그렇습니다. 이제 지방에서 자리 잡을 만하니까 다른 일을 시키는 것 같아 섭섭하기도 합니다.

코치 그렇게 생각했다면 섭섭했겠네요. 앞날이 걱정도 되고요. 그런데 한 과장이 기대하는 서비스 매니저가 되는 데 필요한 것은 무엇인가요?

한 과장 영어도 중요하지만 사람 관리, 프로젝트 관리, 고객 관리 능력이 더 있어야 할 것 같아요.

코치 그렇군요. 성장을 위해 많이 고민했겠네요. 그런 능력들을 키우기 위해 무엇이 필요할까요?

한 과장 교육을 받아도 실제 적용할 프로젝트가 없으면 크게 도움이 되지 않더라고요. 그래서 경험이 중요하다고 봅니다.

코치 중요한 핵심을 바로 파악하네요. 그런 관점에서 지금 두 고객의 서비스를 담당하는 역할을 맡게 된 것을 어떻게 해석할 수 있을까요?

한 과장 새로운 경험을 하게 되는 거니까 새로운 기회가 될 것 같습니다. 무엇이 부족한지에 대한 개선 포인트들이 명확해지겠어요.

코치 한 과장은 이미 A 고객만이 아니라 A 고객을 지원하는 동료들에게 신뢰를 주고 있지요. 이제는 좀 더 다양한 고객의 상황을 해결하면서 안목을 넓히는 기회가 될 것 같다는 말이네요. 한 과장이 지금의 고객은 물론 다른 고객에게 인정받는다면 누구나 한 과장과 일하고 싶을 것 같은데 어떻게 생각하세요?

한 과장 그렇게 생각해주시니 고맙습니다.

코치 대부분은 앞으로 서비스 매니저가 되면 잘하는 모습을 보여주겠다고 말합니다. 그런데 그 전에 이미 그런 능력을 보여주고 있다면 또는 직급을 떠나 한 과장과 일하고 싶어 하는 고객과 후배가 지금보다 더 많아진다면 어떤 기분을 느낄까요?

한 과장 제가 생각이 좀 짧았네요. 그런 상상만 해도 가슴이 뿌듯합니다. 코치님 신뢰까지 확인하니까 용기도 생깁니다. 오늘 아침 잘 찾아뵀네요. 제대로 한번 해보겠습니다.

코치 한 과장, 아끼는 마음에 충고하고 싶은데 해도 괜찮을까요?

한 과장 그럼요. 물론입니다.

코치　난 한 과장이 용기 있고 잠재력이 많은 사람이라고 알고 있어요. 그런데 이런 고민이 있을 때 혼자 고민하기보다 그런 결정을 내린 임 부장에게 솔직하게 이야기하고 배경을 물었다면 어땠을까 하는 아쉬움이 있어요. 어떻게 생각하세요?

한 과장　늘 강조하시는 대로 믿고 한배를 탔으면 한 방향으로 노를 저으라는 말씀이시군요. 지금이라도 부장님에게 제 마음을 이야기하고 앞으로는 맡은 업무를 상의하며 잘 추진해보고 싶습니다.

납득되지 않는 옳은 판단은 독단일 뿐이다

리더는 일방적으로 결정을 수용하라고 강요하지 않아야 한다. 아무리 옳은 판단이라고 해도 납득하지 못하는 구성원에게 근거도 제시하지 않고 밀어붙이는 것은 독단에 불과하다. 낸시 마이어스 감독의 영화 「인턴」에서 젊은 CEO인 줄스의 운전기사를 맡게 된 벤은 정년퇴직했다가 인턴으로 들어온 노인이다. 그가 평소와는 다른 길로 차를 몰고 가자 줄스가 제지한다. 그러자 벤은 자기 경험을 들려주면서 정확히 12분이 단축된다고 대답한다. 그의 장담대로 목적지에 평소보다 일찍 도착한다. 줄스는 그때부터 벤을 신뢰하게 된다.

만약 벤이 무작정 내가 해봐서 안다라거나 그냥 자기를 믿으라고 했다면 어떻게 됐을까? CEO인 줄스는 인턴의 말에 순순히 따를 리가 없었을 것이다. 또한 신뢰는커녕 해고를 머릿속에 떠올렸을지 모른다. 벤은 구체적인 수치를 제시하며 설득했다.

존재를 드러내지 않는 리더가 되자

리더는 충고하고 성급하게 해결책을 주려는 마음을 내려놓아야 한다. 구성원이 스스로 방법을 찾고 선택하는 과정에 함께할 수 있어야 한다. 공감하고 경청하면서 상대가 상황을 새로운 시각으로 해석할 수 있도록 질문하고 스스로 해결 방법을 찾는 과정에서 상대의 결정을 응원하는 역할로 충분하다. 구성원은 자신이 내린 결정이 자기 가치관과 이익에 연결된다고 생각할 때 열정을 느끼고 몰입하고자 한다. 스스로 정리하고 답을 찾고 실행하는 것이다. 그러다 보니 리더에게 도움을 받은 것이 없다고 생각할 수 있다. 코칭은 상대가 코칭을 받는다는 것을 인식하지 못할 때 더욱 효과적으로 이루어질 수 있다. 리더는 구성원이 리더의 존재를 의식하지 않으면서 주도적으로 일할 수 있게 코칭해야 한다.

||인식 전환을 유도하는 질문

　영업을 담당하는 신 차장은 늘 바쁘다. 때로는 바쁜 것을 자랑으로 여기는 사람처럼 보인다. 그는 상사가 질문할 때도 자신의 상황과 하는 일을 설명하느라 정확하게 답을 하지 못한다. 이때는 그가 질문에 집중하도록 다시 질문한다. "신 차장, 내가 궁금해서 그러는데요. 내 질문에 대답을 먼저 해줄 수 있어요?" 그 후 다음과 같이 질문을 이어나간다.

* 무엇을 얻기 위한 시도인가요? (목표가 뭔가요?)
* 그 시도가 성공했다는 것을 어떻게 확인할 수 있을까요?
* 목표를 달성하기 위해 필요한 것은 무엇인가요?
* 중간에 의도대로 된다는 것을 어떻게 알 수 있죠?
* 지금의 노력에 가치를 더하기 위해 무엇이 필요한가요?
* 무엇을 다르게 시도해보고 싶은가요?
* 지금까지 한 번도 하지 않은 시도를 하라고 하면 무엇을 해보겠어요?
* 당신이 상사라면 현재의 당신에게 뭐라고 충고하고 싶은가요?
* 경쟁사는 지금 당신을 어떻게 평가할까요?
* 왜 그 일을 해야 하나요? 그 목표 달성이 당신에게는 어떤 의미가 될까요?

4

자신이 추구하는
가치에 집중한다

스스로 주인이 돼 알아서 일 잘하는 구성원들의 모습은 '1인 기업 경영자'의 모습이다. 자기 능력으로 가치 있는 상품(성과)을 만드는 공장장이 되기도 하고 경쟁력을 위해 지속해서 상품 품질(역량)을 개발하는 연구소장이 되기도 한다. 또 고객에게 제품을 마케팅하고 판매하는 영업본부장(자기 홍보)이 되기도 한다. 때로는 지속 가능한 경영을 위해 건강을 유지하고 복지와 인센티브 등 근무 환경을 개선하며 인간관계를 챙기는 관리본부장이 된다.

1인 기업 경영자인 구성원들은 다양한 역할들을 알고 조율한다. 그들의 행동과 결정은 신뢰할 수 있다. 단 한 번의 잘못으로도 회사가 무너질 수 있음을 잘 알기 때문이다. 그들이 함께 경영하는 회사는 자기 가치와 비전을 실현할 수 있는 곳이다. 그 가치는 자신은 물론이고 타인과 세상을 향하고 있다. 자신이 존재하는 이유이기도 하다.

자기 삶의 주체는 바로 자신이다

자기 삶의 경영자인 그들은 자유를 추구한다. 환경이나 남에게 선택을 맡기는 것이 아니라 자기가 선택할 수 있는 자유가 있는 삶을 원한다. JTBC 드라마 「이태원 클라쓰」에서 박새로이가 외치던 모습이다.

"제가 원하는 건 자유입니다. 누구도 저와 제 사람들을 건드리지 못하도록 제 말과 행동에 힘이 실리고 어떠한 부당함에도 휘둘리지 않고 제 삶의 주체가 저인 게 당연하고 소신에 대가가 없는 그런 삶을 살고 싶습니다."

그들은 자신의 문제를 넘어 동료와 조직의 문제에도 관심을 기울인다. 당연한 것으로 넘어갈 수 있는 관습과 프로세스를 새로운 관점에서 고민하고 개선을 추구한다. 직책, 지위, 나이, 성별 등에 경계를 두지 않고 문제를 제기하고 함께 해결할 것을 제안한다. 동료의 역할을 이해하고 함께 일하는 것을 더욱 중요하게 여긴다. 자신이 잘할 수 있는 부분과 다른 사람이 더 잘할 수 있는 부분을 알고 있으며 필요한 일들을 분배해 혼자서는 이룰 수 없는 더 큰 성과를 함께 만들어간다. 모두 자신을 위한, 자신이 하고 싶은 행동이다. 남을 돕는 것도 자기가 원하고 행복하기 위함이다.

미국의 소설가 D. H. 로렌스D. H. Lawrence는 "그저 좋아하는 것을 하고 있다고 해서 자유로운 것이 아니다. 인간은 내면 깊은 곳의 자기가 좋아하는 것을 할 때만 자유롭다."라고 말했다.[3]

생존보다 성장에 관심을 가지자

스스로의 주인이 되고자 하면 남들의 시선보다 자신이 추구하는 가치에 집중한다. 인생의 목적지가 있기 때문이다. 돈을 벌고 인정을 받는 것을 넘어 세상을 향한 가치를 위해 자기 인생의 운전석에 앉아 직접 운전한다. 목적 중심의 삶을 사는 그들은 이미 리더다.

목적 중심의 조직은 생존보다 성장에 더 관심을 가진다. 장난감 회사 레고Lego 그룹의 CEO 닐스 크리스티안센Niels B. Christiansen은 "우리는 목적이 분명하다. '왜 우리가 존재하는가?'라는 근원적인 질문에 분명한 대답을 갖고 있다."라고 했다. 레고는 설립한 지 반세기가 넘도록 꾸준한 성장을 이루어왔다. 분명한 목적이 있기에 구성원들도 목적 지향의 리더십을 갖출 수 있는 것이다.

모든 구성원이 스스로의 리더가 돼 주도적으로 일하는 조직의 모습을 상상하면 기분이 어떤가? 리더는 구성원이 스스로의 주인이 돼 자기다운 삶을 살고 자기가 되고 싶은 사람으로 성장하는 삶을 지지할 수 있어야 한다.

▮▮코칭 대화를 위한 성찰 여행

똑같은 질문도 누가 하느냐에 따라서 반응이 달라진다. 상사와 코치는 눈에 안 보이는 심리적인 차이가 있다. 회사 밖 장소에서 진행되는 전문 코치와의 코칭 대화나 성찰 여행은 자기 내면과 회사, 일, 인간관계를 객관적으로 돌아보는 중요한 계기가 될 수 있다. 장소가 회사가 아니라는 점만으로도 자신에게 집중하기 쉬워진다.

적용 사례

모처럼 회사를 벗어나 산기슭에 자리한 조용한 식당에서 정 상무와 만났다. 식사를 마치고 숲길을 걸으며 이야기를 이어갔다. 회사에서 느낀 긴장감이 풀어지고 마음이 편안해졌다.

코치　지금 일을 왜 하세요?

정 상무　먹고살려고 하죠. 당연한 것 아닌가요? (아마도 상사에게 이렇게 대답할 수 있는 부하직원은 거의 없을 것이다.)

코치　만약 지금 먹고살 만하면 무엇을 하고 싶으세요?

정 상무　글쎄요. 특별히 생각하지 않았어요. 그냥 지루한 일을 안 하면 좋겠다는 생각만 했어요. 적당히 즐기고 여유가 있으면 남도 도와주고요.

코치　지루하고 힘들지만 미래를 위해 참고 열심히 노력하고 계시네요. 경제적 여유를 이루고 긴장 상태에서 벗어나 여유가 되면 남을 도와주는 삶을 살고 싶다는 얘기로 들립니다. 그것을 위해서 지금 무엇을 할 수 있을까요?

정 상무 지금 할 수 있는 일을 생각하면 답답하지요. 제가 특별히 할 수 있는 일이 있을까요? 시키는 일 하고 퇴직 때까지 버티며 월급 받아 가족을 부양하는 거죠.

코치 제가 보기에 지금 이미 남을 도와주는 삶을 실천하고 계시는 것으로 생각됩니다만. 어떻게 생각하세요?

정 상무 아, 그런가요? 사실 저는 아내에게 자신이나 가족보다 남들을 먼저 챙긴다고 자주 혼납니다. 그런데도 회사에서는 누구 하나 제대로 인정해주지도 않지요. 제가 인정받자고 일하는 건 아니지만 섭섭하죠.

상대가 마음을 터놓기 시작하면 경청하면서 그 스스로 일에서 의미를 찾을 수 있도록 다음과 같은 질문을 이어나간다.

- 지금의 업무가 당신의 가치관과 어떻게 연결되고 있나요?
- 당신의 강점이 어떻게 업무에 기여되고 있나요?
- 당신의 이야기를 들으니 화합과 책임을 중요하게 여기는 사람이라고 생각됩니다. 어떻게 생각하세요?
- 전에는 이런 상황에서 어떻게 하셨나요? 당신은 무엇을 중요하게 여기고 있나요?

5

자기다움으로 무장한
리더가 된다

직장에서 행복을 느끼는 경험은 중요하다. 몇 년 전부터 많은 기업들이 구성원의 행복을 조직의 사명이나 목표로 내걸고 노력하는 모습이 반갑다. 물론 행복은 지극히 개인적이기 때문에 강요될 수 없다. 조직에서 집단적인 행복 활동이 다 환영받는 것은 아니다. 회사 주도로 단체 뮤지컬 관람이나 영화 감상을 하거나 오락 시설을 만드는 등 다양한 시도들이 시간이 지나면 효과가 줄어들거나 스트레스가 되기도 한다. 그래도 조직문화를 바꾸려는 시도라는 점에서 의미가 있다.

행복은 재미와는 다르다. 재미는 사람에 따라 비타민처럼 행복 보조제가 되기도 하고 진통제가 되기도 한다. 약효가 떨어지면 더 강력한 진통제를 찾게 된다.4 진통제로서의 재미는 진정한 행복감을 방해한다. 구성원이 회사생활에서 재미를 느끼는 것과 업무를 주도적으로 추진하며 자기 효능감을 발휘하여 행복을 느끼는 것은 연관성이 작다.

자신이 이룰 미래의 모습을 준비하는 게 행복이다

하루의 3분의 1 이상 시간을 보내는 일터에서 행복하지 않다면 개인의 삶이 행복하다고 말할 수 없다. SBS 드라마 〈낭만닥터 김사부〉와 JTBC 드라마 〈이태원 클라쓰〉의 주인공이나 빌 게이츠, 스티브 잡스, 오프라 윈프리 같은 성공한 유명인들을 보면 행복해 보인다. 특히 오프라 윈프리는 많은 사람이 알다시피 불행과 불운이 점철된 삶을 살았다. 태어나자마자 버려졌고 사촌오빠에게 성폭행을 당했고 열네 살에 미혼모가 됐다. 그녀의 아이는 태어난 지 2주 만에 죽고 말았다. 이러한 삶을 사는 사람이 과연 행복할 수 있을까? 행복을 기대할 수나 있을까? 하지만 그녀는 〈오프라 윈프리 쇼〉로 대성공을 거두었고 '오프라 제국'이라는 말이 나올 만큼 미디어의 여왕으로서 행복해 보이고 대중들에게 행복을 선사하고 있다.

행복한 사람들은 당당하고 소신이 있다. 그들은 힘들어도 스스로 만족하고 행복한 방법을 아는 것 같다. 주도적인 사람이 모두 성공하는 것은 아니다. 하지만 성공한 사람은 모두 자기 주도적이다. 성공이 반드시 행복으로 이어지지 않지만 행복은 성공에 기여한다. 행복감은 생산성을 12퍼센트가량 향상시키고 성공할 가능성을 높인다고 한다.[5]

무엇을 이루어야만 행복한 것은 아니다. 내가 언젠가 이룰 미래의 모습을 생각하며 준비하는 과정에서도 행복할 수 있다. 그러나 내가 노력해도 원하는 것을 이룰 수 없다는 판단이 들거나 지금 하는 일이 자신이 원하는 일이 아니라면 행복을 느낄 수 없다. 사람들과 어울리는 것을 좋아하고 스포츠를 좋아하는 사람이 도서관에서 조용히 혼자서 일을 해야 한다면 답답하고 즐겁지 않을 것이다. 내가 원하고 잘할 수 있는 것을 하면서 사는 것이 행복이다. 자기가 가진 재능과 강점을 모르면서 남들과 비교해 되고 싶은 모습만 상상한다면 몽상가와 다르지 않다.

왜 우리는 행복하지 못할까? 그건 어떤 상황이나 사건에 대해 우리가 하는 생각이 불행하다고 느끼게 하기 때문이다. 심리학자 김정호 교수는 두 번째 화살을 맞지 말라는 붓다의 말을 소개한다. 첫 번째 화살은 누구도 피할 수 없는 이미 벌어진 상황이다. 불쾌하고 억울한 상황을 만나면 누구나 화가 나고 실망하며 짜증이 올라오는 것을 피할 수 없다. 하지만 두 번째, 세 번째 화살은 우리 자신의 생각이 만들어 낸 화살이다. 느낌은 생각을 먹고 자란다.[6]

우리는 생각 속에 산다. 아니, 생각에 끌려가는 삶을 살고 있다. 회사에서는 집에 있는 가족 생각으로 업무에 집중하지 못한다. 막상 집에 돌아오면 그 시간을 온전히 즐기지 못하고 다른 생각으로 마음이 딴 곳을 떠다닌다. 욕실에서 샤워하고 있지만 생각은 직장에 가 있다. 상사의 지시를 어떻게 처리하지? 어제 전화 받은 고객의 불만을 어떻게 처리하지? 하는 생각이 멈추지 않는다. 머릿속은 늘 여기가 아닌 다른 곳, 지금이 아닌 과거나 미래에 가 있다. 항상 바쁘고 어수선하고 만족하지 못한다. 가지고 있는 것보다 갖고 싶은 것을 생각하느라 행복을 느낄 여유가 없다. 사건에 대해 우리가 생각하는 태도에 따라 행복과 불행이 결정된다.

숨은 욕구를 제대로 인식해야 제대로 선택한다

나는 내 생각과 느낌을 선택하는 주인이다. 자기 생각과 느낌을 인식할 수 있으면 스스로 심리적 고통을 자극하지 않고 다른 대응을 선택할 수 있다. 무의식적으로 핸드폰을 만지작거리며 여기저기 앱을 기웃거리거나 리모컨을 눌러 TV 채널을 끊임없이 바꾼다. 그러는 자신을 인식하지 못하면 멈출 수 없다. 지금 나의 행동, 느낌, 그 속에 숨은 욕구를 인식할 수 있어야 새로운 선택을 할 수 있다. 제대로 인식해야 제대로 선택한다.

결국 행복은 자기 선택이다. 내가 생각하는 가치와 원하는 목표를 추구하는 과정에서 느끼는 감정이다. 내가 선택한 생각이 지금 나에게 행복감을 준다. 구성원에게 재미로 행복감을 주려고 노력하기보다는 스스로 인생의 의미를 찾고 실패의 과정에서 용기를 내고 본질적으로 행복할 수 있는 리더로 성장하게 하는 것이 더 중요하다.

코칭은 지금 자기 생각과 느낌에 집중해 그것을 인식하고 선택할 힘을 키운다. 스스로 질문하고 답을 찾으며 지금 여기서 행복을 선택할 수 있다. 낯선 사람이 운전하는 차를 타고 낯선 길을 떠나면 불안하고 불편하다. 남이 선택해준 삶에서 행복을 느끼는 것은 한계가 있다. 물론 내가 선택하는 삶을 사는 것도 쉽지 않다. 그러나 자기 주도적인 사람에게는 쉬운 일이 오히려 몰입과 행복을 방해한다. 도전적이고 어려운 일을 극복하기 위해 몰입할 때 성취감이 커진다. 그럴 때 도전과 역경은 스트레스가 되는 것이 아니라 성장을 자극하고 행복감을 높이게 된다.

6

워라밸은
자기실현을 위한 과정이다

자기 가치의 성장을 위해 몰입하는 리더들에게 워라밸은 단순히 시간의 문제가 아니다. 일을 잘하기 위해 휴식은 꼭 필요하다. 휴식은 활력과 에너지를 공급한다. 반대로 원하는 휴식을 누리기 위해 일이 필요하다. 코로나19로 매일 재택근무를 하다가 맞이하는 오랜 연휴는 평소의 휴가처럼 달콤하지 않고 따분하기까지 하다. 일은 건강한 삶을 위한 경제적인 부분을 해결해준다. 휴식과 일 모두 삶에 중요한 부분이다. 일터는 존재의 가치와 의미를 확인하고 사람들과 함께 일을 하며 새로운 자극으로 성장하고 즐거움을 느낄 수 있는 장소다.

관심이 있고 중요하게 여기는 것에 마음이 가고 에너지를 쏟는 법이다. 모두 함께 모여 반복적인 작업을 일사불란하게 해야 하는 업무가 아니라면 기계적으로 몇 시부터 몇 시까지 시간의 한계를 짓는 것은 무의미하다. 주어진 일이 자기에게 의미 있고 가치 있는 일이라면 근무 시간 외에 일하는 것이 스트레스가 아니다. 그런 점에서 일률적으로 퇴근 시간을 정해놓는 워라밸은 주도적 변화를 추구하는 조직에서는 적합하지 않다. 물론 아직도 근무 여건이 열악해 부당하다고 느끼면서도 생계 때문에 눈치 보며 억지로 견뎌야 하는 곳도 많다. 그런 곳은 근무 시간 규제가 필요하다. 중요한 것은 획일적인 규제가 아니라 자기 선택의 유무다.

균형을 이루는 것 자체가 목적이 아니다

일과 삶의 균형은 중요하다. 그러나 지나치게 의식한다면 오히려 균형을 이루는 것 자체가 목적이 된다. 학생들이 시험을 위해 집중하여 준비하는 시간이 있듯이 구성원들도 단기간에 성과에 집중해야 하는 시기가 있다. 몸과 마음이 긴장되고 힘든 시간이지만 특별한 성취를 위해 받아들일 수 있다. 마찬가지로 가족과 시간을 보내거나 개인 생활에 집중해야 할 때도 있다. 일과 삶의 균형은 인생이라는 긴 여정을 고려해 균형 있게 유지되고 관리돼야 한다.

마틴 리트 감독의 영화 「추운 곳에서 온 스파이」를 보면 워라밸의 균형이 깨진 극단적인 캐릭터가 나온다. 동명의 소설을 원작으로 한 이 영화에서 주인공은 근무와 휴식의 경계가 아예 없는 스파이 생활에 넌더리를 낸다. 주인공은 "스파이는 나처럼 지저분하고 추잡한 무리일 뿐이야. 하찮은 주정뱅이와 별종과 공처가와 공무원이야."라고 냉소적으로 내뱉는다. 영화 「007시리즈」의 스파이 제임스 본드와는 사뭇 다른 모습이다. 스파이의 일상은 일과 삶의 경계와 균형은커녕

24시간 내내 목숨의 위협을 받고 긴장의 끈을 놓을 수 없다. 균형이 무너진 주인공은 스파이의 일상에 파묻혀 서서히 인간성이 파괴된다. 자기 직업에 대한 자긍심은 찾아볼 수 없다. 스파이라는 극단적인 비유이긴 하지만 워라밸이 무너질 때 삶의 여정은 순탄하지 않다.

중간이 아니라 온전함을 추구한다

워라밸에서 밸런스, 즉 균형은 중간을 의미하지 않는다. 절반씩이 아니고 두 가지 모두를 온전하게 추구하는 것이다. 균형은 목적이 아니고 과정이다. 중요한 것은 앞으로 나아가는 것이다. 이때 균형은 좌우가 똑같은 상태가 아니라 어느 한쪽으로 기울었을 때 쓰러지지 않고 돌아오는 평형감각을 말한다. 균형을 잡는 것이 목적이 된다면 앞으로 나아가지 못한다. 그러므로 리더에게 워라밸은 목적이 아니라 자기실현을 위한 과정이다. 코치나 리더의 질문을 받고 잠시 멈추어 자신이 추구하는 삶의 가치와 목적을 다시 확인하고 현재의 모습을 점검하는 과정이 워라밸이라고 할 수 있다. 코칭 리더십은 딜레마 상황에서 하나를 선택하기보다 자기실현을 위해 창조적이고 통합적인 해결 방안을 추구한다. 절반의 만족이 아니라 적극적인 선택을 통해 온전한 만족을 추구한다.

시인 류시화의 글에서 워라밸의 의미를 생각해볼 수 있다. "스스로에게 이 한 가지를 물어보라. 이 길에 마음이 담겨 있는가? 마음이 담겨 있다면 그 길은 좋은 길이고 그렇지 않다면 그 길은 무의미한 길이다. (중략) 마음이 담긴 길을 걸으려면 편견의 반대편에 설 수 있어야 한다. 마음이 담긴 길을 걷는 사람은 행복을 추구하는 것이 아니라 행복과 나란히 걷는다. 행복은 목적지가 아니라 여정에서 발견되는 것이기 때문이다. 모두에게 사랑받고 모든 사람이 당신의 여행을 이해하리라 기대하지 말아야 한다."[7]

7

행동하지 않으면
변화를 만들지 못한다

"지옥으로 가는 길은 좋은 의도로 가득하고 천국으로 가는 길은 좋은 행동으로 가득하다."

감수성 훈련과 의사소통 훈련 전문가인 남관희 코치가 자주 하는 말이다. 우리가 확인할 수 있는 것은 그 사람의 '의도'가 아니라 '행동'이다. 국민을 위한다고 말하지만 자기 이익을 위해 행동하는 정치인이 많다. 구성원을 위한다면서 폭력적인 언어와 행동을 하는 리더도 많다. 그들은 자신과 구성원에게 적용하는 원칙이 다르다. 생각하는 대로 행동하지 않으면서 그것을 문제라고 인식하지 못한다. 입에서 나오는 말은 비판과 지적인데 머릿속으로는 상대를 위한 선한 충고라고 자기 행동을 정당화한다. 그리고 자신의 의도를 이해하지 못하는 상대를 원망한다.

우리는 조직이 원하는 구성원의 모습과 구성원이 되고 싶어 하는 각자의 모습이 다르지 않다는 것을 알고 있다. 그럼에도 우리의 행동은 우리 자신의 의도를 방해하고 있다. 안다는 것이 변화를 의미하지는 않는다. 남을 돕고 싶은 생각을 실천하지 않으면서도 자신은 그런 행동을 하는 사람이라고 착각한다. 행동하지 않는데 생각만 가득하면 피곤해진다. 좋다는 것을 알지만 행동하지 못하는 자신과 싸우고 있기 때문이다. 좋은 의도가 있다면 행동으로 실천해야 한다. 상대를 위한다면 상대에게 필요한 행동을 해야 한다. 생각을 실천해 남들이 알 수 있는 행동과 결과로 증명해야 한다. 행동이 차이를 만든다.

이룰 수 없는 꿈을 구성원들과 공유하지 말자

리더가 저지르기 쉬운 실수 중 하나는 이룰 수 없는 꿈을 구성원들과 공유하는 것이다. 자기 위시리스트를 마치 조직의 비전인 양 구성원들에게 쉽게 말한다. 함께 이루고 싶은 꿈과 비전을 공유하는 것은 꼭 필요한 일이다. 그러나 실제 목표와 비전을 달성하기 위한 계획과 지속적인 노력이 뒷받침되지 않는다면 소용없다.

고려 말기 조정의 실권을 장악한 최영은 자기의 비전을 구성원들과 공유하지 못했다. 그는 원나라를 멸망시킨 명나라가 철령 이북의 땅을 반환하라고 하자 아예 요동을 정벌하자고 나섰다. 명나라의 무리한 압박을 경계하고 영토를 지키겠다는 명분이다. 반대할 사람은 없었다. 문제는 영토 수호를 넘어 요동을 치겠다는 비현실적인 전쟁 목표였다. 실제 군대를 이끌고 전장으로 향한 이성계와 조민수에게는 이룰 수 없는 비전이었다. 그들은 요동 정벌의 불가론을 제기했지만 최영은 무시했다. 두 장군은 위화도에서 회군했다. 요동 정벌의 꿈이 고려 멸망의 도화선이 되고 만 것이다.

좋은 꿈을 이야기한다고 좋은 상사가 되는 것이 아니다. 모든 꿈이 다 비전인 것도 아니다. 노력은 하지 않고 꿈만을 이야기하는 리더는 결국 구성원에게 버림받게 된다. 구성원에게 꿈과 포부를 이야기하기에 앞서 스스로에게 얼마나 간절하게 이루고 싶은 꿈인지 질문하자. 리더 자신은 물론이고 조직이 가지고 있는 원천 기술, 축적된 역량, 강점, 구성원들이 원하는 목표에 대한 인식 등을 빼놓고 막연한 소망을 이야기하는 것은 망상에 가깝다. 예상되는 장애물을 살피고 실천 가능한 구체적인 방안과 함께 노력해서 얻어낼 수 있는 가시적인 성과가 무엇인지 고민해야 한다. 행동하지 않을 거라면 말을 아끼자.

행동이 바뀌어야 새로운 인식이 가능하다

코칭 리더십은 강력한 행동을 요구한다. 가치와 인식을 바꾸는 것에 만족하지 않는다. 행동하지 않는 생각은 변화를 만들지 못하기 때문이다. 실천과 결과 확인이 가능하고 마감일이 정해진 행동을 요구한다. 그렇지 않으면 의미 없이 흘러가는 좋은 대화일 뿐이다. 리더는 구성원이 자기 생각을 명료하게 정리하고 목표를 구체화하는 것을 돕고 간결하고 확실한 행동을 할 수 있어야 한다. 다음과 같은 질문을 구성원에게 던져볼 수 있다.

• 오늘 새롭게 이해한 것은 무엇인가요?

- 오늘 대화 내용을 정리해주세요.

- 그것을 어떻게 실천하겠습니까?

- 그것이 다 이루어졌다는 것을 언제 어떻게 확인할 수 있을까요?

- 그것이 잘 진행되는 것을 중간에 어떻게 확인할 수 있나요?

- 행동을 방해하는 것에 부딪치면 어떻게 하겠습니까?

- 얼마나 간절하게 원하나요?

- 모든 것이 가능하다면 무엇을 더 해보겠습니까?

- 누군가의 도움이 필요한가요?

주도적으로 살고 싶다면 당장 작은 행동이라도 새롭게 시도해보자. 작은 습관부터 바꿔보자. 그동안 식당에 가서 메뉴를 고를 때 "아무거나" 또는 "나도"라고 했다면 오늘은 먼저 식당을 고르고 메뉴를 골라보자. 새로운 행동으로 새로운 경험을 하면 새로운 인식으로 성장할 수 있다.

▋▋함께 추구하는 회사를 만들기 위한 행동 목록 정하기

구성원들이 모두 함께 목표를 추구하는 조직이 되기 위해서는 구성원들이 목표 수립 과정에 참여하고, 함께 해야 할 구체적인 행동을 정하는 것이 중요하다. 목표는 확인 가능한 행동으로 뒷받침된다. 원하는 회사는 다른 누군가가 만들어주는 것이 아니다. 지금 당장 할 수 있는 행동을 함으로써 다 같이 원하는 회사를 만들 수 있다.

리더는 목표 달성을 위해 구성원들이 해야 할 행동이 습관처럼 실행되게 해야 한다. 함께 해야 할 행동들을 목록으로 정리한 후 어떻게 현장에서 실천되고 있는지 주기적으로 논의한다. 행동 목록에서 잘되고 있는 행동과 습관으로 굳어진 행동은 지워가며 함께 축하한다.

적용 사례

조직에서 함께 일한 지 5개월이 막 지났다. 월간 회의 분위기도 일방적으로 보고하고 지시하기보다는 함께 논의하는 방향으로 자리 잡아 가고 있다.

"오늘은 우리가 원하는 조직의 모습을 고민해보고 싶습니다. 지금 우리 조직에 대한 만족도를 0~10점으로 표시해주세요."

무기명으로 투표하고 결과를 바로 공개했다. 평균 5.6이면 생각보다 나쁘지 않은 점수다. 구성원들이 전 대표의 지나친 간섭과 열악한 복지 때문에 불만이 많다고 들었기 때문이다.

"당장 10점짜리 회사를 만들 수 있을지는 모르겠어요. 하지만 지금 각자가 매긴 점수를 1점 더 올리기 위해 필요한 것이 무엇인지 논의해서 정리해주세요."

다섯 명씩 나누어 20분 동안 그룹 토의를 진행했다. "오늘은 또 뭘 하려고 그러지?" "그런다고 뭐가 바뀌겠냐고." 멀리서 작게 소근대는 소리를 못 들은 척하고 20분 뒤에 그룹별로 발표자를 골라 발표하게 했다. 그룹별로 약간의 차이는 있지만 회사에 대한 불만과 요구사항이기에 대부분 예측했던 내용들이다. 그 결과물을 벽에 붙이고 비슷한 내용을 묶어 12개 항목으로 정리했다. 모든 참석자에게 라벨을 다섯 개씩 주고 자신이 중요하게 생각하는 항목에 붙이도록 했다. 라벨이 가장 많이 붙은 다섯 가지 항목을 고른 뒤 그것들을 모두 이룬 상태의 모습을 '구성원들과 함께 만들고 싶은 회사의 모습'으로 정의했다. 그런 회사가 됐다고 가정하고 그때 우리는 어떤 행동을 하고 있을지 그리고 그 행동을 하지 못하게 방해하는 것은 무엇인지 논의했다.

조금씩 분위기가 진지해지고 토론이 활발해졌다. 다시 함께 추구해야 할 구체적인 행동 목록을 정리했다. 마지막으로 그 행동 목록 중에서 자신이 지금 바로 실천할 수 있는 행동들을 적어보고 동료들과 공유했다. 그리고 그 행동들을 실천할 계획과 진행 상황을 주기적으로 나누는 방법을 결정했다. 주기적으로 토론하면서 수정하고 발전시켜 나가자고 하고 회의를 마쳤다. 토론한 내용과 결과를 정리해 참석한 구성원들과 공유했다.

8

탁월하고 감동적인
목표를 추구한다

샌드 배깅sand bagging은 모래주머니를 쌓아 방어선을 구축하는 것을
뜻한다. 보통 비지니스에서는 기대 이상의 결과를 보여주기 위해 상
대가 기대하는 수준을 조정하는 행위를 말한다. 예를 들어 회사에서
매년 목표를 세울 때 상사가 높은 목표를 강요할 것을 예상하고 구성
원이 처음부터 자신이 할 수 있는 목표보다 낮은 목표를 제시하며 방
어선을 구축하는 것이다. 실패를 두려워해 안전한 목표를 세우면서
한편으로는 인센티브와 승진을 기대한다.

회사가 목표를 달성하지 못한 것을 실패로 규정한다면 아무도 스스
로 높은 목표를 세우고 도전하지 않을 것이다. 성장은 안전지대 밖에
서 이루어진다. 리더는 탁월한 목표를 추구해야 한다. 100이라는 업
무 목표를 세운 구성원과 대화한다고 상상해보자.

리더   늘 어려운 상황에서도 최선을 다해줘서 고맙습니다. 내년 목표를 100으로 세운 나름의 기준이 있을 것 같은데요. 설명해주겠어요? (구성원의 설명을 듣고 나서) 그럼에도 조금은 더할 여지가 있어 보이는데요. 어떻게 생각하나요? 혹시 110으로 목표를 세우면 어떨 것 같아요?

구성원   조금 어렵지만 해보겠습니다.

리더   어려운 목표를 해보겠다고 하니 도전의식과 조직에 기여하고 싶은 책임감이 느껴져요. 든든합니다. 그럼 혹시 120으로 목표를 높이는 것은 어떨 것 같아요?

구성원   글쎄요……. 정말 어려운 일이지만 지시하시면 해보겠습니다. 그래도 제대로 잘할 수 있을지 걱정됩니다.

리더   정말 어려운 일이군요. 책임을 다하지 못할까 봐 걱정이 될 텐데요. 그래도 해보겠다니 용기와 추진력이 있는 분이네요. 그렇다면 만약 130을 목표로 하는 것은 어떨 것 같아요?

구성원   그건 어렵습니다. 거의 불가능해요.

리더   지금으로서는 불가능해 보인다는 말이네요. 그러면 130을 달성하기 위해 무엇이 필요한지 설명해주겠어요?

도전적인 목표 설정을 위해 다음과 같은 질문을 할 수 있다.

- 모두가 놀랄 목표를 세운다면 어떻게 하고 싶나요?
- 어떤 목표를 이룬다면 스스로 감동을 받을 수 있을까요?
- 절대로 실패하지 않는다면 무엇을 이루고 싶은가요?

- 목표 달성을 위해 모든 것이 가능하다면 지금 어떤 도움을 받고 싶은가요?

탁월한 목표와 강력한 실행력을 컬래버하자

열심히 했으니 인정해달라고 하는 것은 혼자의 역량으로만 최선을 다했다는 말이기도 하다. 고생했다는 것은 인정할 수 있다. 하지만 그것이 조직에서 기대하는 최선인지는 의문이다. 또한 조직에서 도전적인 목표를 제시할 때 가능하다는 답변보다 불가능하다는 이야기하는 경우가 많다. 이때 리더는 탁월한 목표를 제시한 만큼 강력한 실행력으로 과감히 밀어붙일 수도 있어야 한다.

2006년경의 일이다. 우리나라 LED 산업이 연구 단계를 지나 본격적으로 대량 생산을 막 시작하는 단계에 들어선 때였다. 그런데 LED 제조회사들은 한 가지 문제를 해결하지 못하고 있었다. 수백 나노미터 두께의 박막을 증착하는 핵심 장비가 현장에 도착해 조립을 끝내도, 실제 양산에 사용하기 위한 공정 조건을 확보하기까지 무려 70일이 넘게 걸렸다. 고객사는 20억이 넘는 장비를 사용하지 못하는 시간이 아까웠고, 장비 공급업체는 많은 기술자들을 두 달 넘게 현장에 상주시켜야 하는 일이 큰 부담이었다. 여러 노력을 했음에도 10~20% 정도의 개선이 이루어졌을 뿐이었다. 한 LED 제조회사는 이 문제를 해결하기 위해 반도체 공정 경험이 있는 리더를 새 책임자로 배치했다. 그는 장비 조립 기간을 포함해 공정 기간을 20일 이내로 줄이겠다는 과감한 목표를 세웠다. 불가능하다는 구성원들의 의견을 뒤로하고 그는 직접 미국으로 건너가 장비 공급업체와 핵심 부품 공급업체를 방문해 함께 과제를 해결하자고 설득했다. 장비 조립을 담당하는 작업자들에게도 협조를 구했다. 결국 그가 요구한 장비는 선별된 부품의 테스트를 거쳐 별도의 작업팀에 의해 제작됐다. 두 번 정도의 시행착오를 거친 뒤 세 번째 장비부터 15일만에 양산에 사용되었다. 안정적인 프로세스를 구축하고 나서는 12일까지 줄어들어 결과적으로 공정 기간을 80% 단축할 수 있었다.

높은 목표를 세우고 그것을 달성하기 위해 주위에서 필요한 자원을 모으고 아이디어를 구하면서 시련을 극복할 때 도전은 배움이 되고 결과와 상관없이 의미 있는 일이 된다. 소설가 조정래는 "최선이라는 말은 이 순간 나 자신의 노력이 나를 감동시킬 수 있을 때 쓸 수 있는 말이다."라고 했다.

숨은 잠재력을 끌어내는 감동적인 목표를 추구한다

코칭 리더십은 짜릿하면서 한번 해볼 만한 감동적인 목표를 추구한다. 새로운 시도와 도전적인 목표를 통해 자기 내면에 숨어 있는 잠재력을 동원할 것을 요구한다. 리더라면 구성원들이 스스로 담대한 목표를 세우고 함께 무엇을 할지 결정하도록 고무해야 한다. 드러난 장애물을 넘어 심리적으로 그들을 제한하고 두렵게 하는 것이 무엇인지 함께 찾아보고 필요한 자원을 지원하여 극복할 수 있도록 도와주어야 한다.

▌▌목적 정렬을 도와주는 질문

구성원이 지금 하는 업무에서 의미와 가치를 발견하고 조직의 목적에 자신의 목적을 정렬할 수 있도록 도와주는 질문들이다. 먼저 리더가 스스로에게 질문하고 대답을 고민하면서 어떤 느낌이 드는지 자기 마음을 살펴보자. 그래야 구성원과 대화할 때 적절하게 활용할 수 있다.

- (가치 목록에서) 중요하게 여기는 가치를 다섯 가지만 골라보세요.
- 책임이 중요한 가치 중 하나라고 말씀하셨는데요. 지금 업무에서 어떻게 책임이라는 가치를 실현하고 있나요?
- 지금 하는 일이 자신의 재능과 가치와 어떻게 연결되나요?
- 어떤 일을 할 때 뿌듯하고 보람을 느끼나요?
- 어떤 일을 할 때 힘이 더 들거나 남들이 해주었으면 좋겠다고 생각하나요?
- 스트레스를 느끼거나 피하고 싶은 상황은 언제인가요?
- 피하고 싶은 업무를 하는 것이 자신의 어떤 가치와 연결되고 있나요?
- 자신을 위해 무엇을 새롭게 시도하고 싶나요?
- 회사는 당신에게 어떤 의미인가요?
- 지금 몰입을 방해하는 것은 무엇인가요? 그것은 당신의 가치와 어떻게 연결되고 있나요?

- 되고 싶은 모습은 무엇인가요? 당신에게 어떤 의미인가요?

- 당신이 스스로 할 수 있는 최고의 일은 무엇인가요?

- 은퇴의 순간에 무엇을 조직에 남기고 싶나요? 어떻게 기억되고
  싶은가요?

대화 중간중간에 구성원의 노력과 강점을 인정하는 말로 응원
한다.

- 정말 열심히 살았네요.

- 그때는 날아다녔네요. 대단하다.

- 한번 마음먹으면 추진력이 대단하군요.

- 좋은 것을 넘어 최고를 추구하는 분이군요.

- 중요하게 여기는 것을 위해서는 자기희생도 감수하는 분이네요.

- 책임감으로 똘똘 뭉친 분이네요.

- 유연성과 상대를 배려하는 마음이 돋보이네요.

- 동료들과 화합을 중요하게 여기는 분이니 그런 상황에서는 정말
  힘들었겠네요.

- 전략적이면서도 관계를 중요하게 여기는 분이군요.

9

조직의 경쟁력은
민감성에서 나온다

최근 기업들은 수직적인 조직문화를 애자일agile 조직과 수평적인 조직으로 바꾸기 위해 새로운 직급 체계를 만들고 호칭을 바꾸고 있다. 불확실하고 급변하는 변화에 대응하기 위해 유연하게 인재를 재배치하고 효과적으로 지원하는 시스템을 구축해 체질을 개선하려는 노력이 한창이다. 시스템과 제도 개선만큼이나 중요한 것은 변화를 남들보다 빠르고 정확하게 인식하는 민감성이다. 남들보다 변화를 늦게 또는 모호하게 인식한다면 아무리 좋은 시스템이라도 제대로 효과를 낼 수 없다. 비상벨이 울리는 것을 재빨리 듣지 못한다면 빠른 소방차, 소방관의 열정과 실력, 화재 진압 시스템도 무용지물이 될 수 있다.

미국의 MIT, 카네기멜런 대학, 유니언 대학 연구진은 조직의 구성원이 갖는 민감성이 어떤 긍정적인 효과를 발휘하는지 연구했다. 민감성 중에서 사회적 민감성, 즉 협력을 잘하면 해당 조직의 집단지성이 발휘하는 효과가 커진다는 연구결과를 발표했다. 사회적 민감성은 다른 구성원의 감정 상태를 인식하는 정도를 뜻한다. 사회적 민감성이 높은 조직일수록 집단지성의 수준도 높다.

연구결과를 보면 흥미로운 내용도 있다. 여성이 많이 포함된 집단일수록 집단지성이 우수하다는 것을 발견한 것이다. 여성의 높은 사회적 민감성 때문이다. 배려나 포용 등 타인과의 관계성에 좀 더 민감한 반응을 보이기 때문일 것이다. 남성으로만 이루어진 집단이라 해도 사회적 민감성이 높다면 그 집단의 집단지성도 높다고 볼 수 있다. 반대로 여성들로 이루어진 집단이지만 사회적 민감성이 낮다면 집단지성의 효과도 떨어질 것이다.

일 잘하는 사람은 민감성을 갖고 있다

민감성은 타인의 존재감을 인식할 수 있는 능력이다. 구성원 혼자서 처음부터 끝까지 프로젝트의 모든 것을 책임지는 경우는 찾아보기 힘들다. 사소한 업무라도 함께 하는 동료가 있다. 민감성이 떨어지는 구성원이라면 협업은커녕 소소한 마찰부터 프로젝트와 조직의 근간을 흔드는 갈등까지 일으킬 수 있다.

기술 동향과 고객 요구를 직접 알아하고 미래 경영 전략을 수립하기 위해 해외 출장을 가서 다양한 고객과 전문가를 만나도 구성원의 민감성의 수준에 따라 출장의 성과가 달라진다. 같은 강의를 들어도 수강생의 수준에 따라 받아들이는 내용이 다른 것과 비슷하다. 상대의 의도를 정확하게 이해하고 표정이나 몸짓으로 표현되는 상대의 마음을 듣는 경청, 공감 능력의 작은 차이가 경영 성과에 결정적인 차이를 만들 수 있다.

기민한 조직문화로 변화하기 위해 민감성을 키워야 한다. 구성들이 작은 변화를 민감하게 감지한다면 남보다 먼저 고민하고 전략을 수립해 성숙하게 대응할 수 있게 된다. 비언어적 표현과 맥락 속에 숨은 의도를 읽어내는 민감한 감수성이 더 정확한 정보를 제공한다. 제대로 알아차릴 수 있어야 제대로 준비하고 행동할 수 있다. '알아서 일 잘하는 인재'는 민감성을 가지고 있다. 민감하게 정보를 수집하고 작은 변화라도 조직과 개인의 업무에 연결하는 주도성을 보인다.

호기심과 관찰력으로 민감성을 키우자

민감성은 말과 글과 겉으로 드러난 행동에서 표현되지 않은, 무의식이 표현하는 것을 알아차리는 능력이다. 인터넷만 뒤지면 누구나 다 아는 정보가 아니라, 사실과 판단이 섞여 있는 정보에서 숨은 맥락을 이해하고 가공된 사실을 구분할 수 있는 인식 역량이다.

코칭 리더십은 구성원의 민감성을 높이는 훈련을 한다. 감정을 살피고 다른 관점이나 의도를 확인하는 질문을 통해 감춰 있거나 사용하지 않았던 감수성을 깨어나게 하기 때문이다. 구성원이 코치의 질문에 답을 하기 위해서는 자기 내면을 탐구해야 한다. 탐구하는 자세는 호기심을 자극해 섬세하게 관찰하게 한다. 질문으로 단련된 구성원은 세상을 호기심으로 민감하게 관찰한다. 민감성은 숨어 있는 강력한 경쟁력의 차이다.

▮▮목표를 명확하게 하는 회의 준비

연말이 되면 올해 사업 실적과 내년 사업 계획을 보고하는 회의
를 준비한다. 이때 보고자는 보고받는 상대방 관점을 고려해서 자
료를 명확하고 간결하게 준비해 발표 시간을 초과하는 일이 없도
록 해야 한다. 그래야 사람들이 발표에 집중하고 관심을 보인다.
자기가 하고 싶은 이야기를 일방적으로 쏟아부어 준비한 자료보
다 준비하는 과정과 결과 면에서 효율적이다.

적용 사례

매년 정 상무는 기획팀에서 받은 자료를 팀장들에게 작성하게
하고 취합해서 며칠 동안 수정과 편집을 반복하는 과정에 많은 시
간과 에너지를 투입한다. 정 상무는 팀장들이 준비한 자료들이 늘
불만족스럽다.

얼마 전 코치와 대화한 후 올해는 새로운 방법으로 자료를 준비
해보기로 마음을 먹었다. 팀장들과 먼저 보고할 내용에 대해 토의
하고 자료 준비의 방향을 정렬한 후에 자료를 만들어보기로 한 것
이다. 관련 팀장들을 한자리에 불러 미팅을 시작한다. 기획팀에서
받은 양식과 일정을 간단히 설명하고 팀장들에게 질문을 한다.

• 회사가 이번 회의에서 우리 사업부에게 기대하고 듣고 싶어
  하는 내용은 무엇인가?

- 회사의 사업 목표와 가치에 우리 사업부의 목표와 가치는 어떻게 연결되는가?
- 다른 사업부에서 우리에게 기대하는 것은 무엇인가?
- 우리가 이번 사업 계획 보고를 통해 얻고 싶은 것은 무엇인가?
- 발표를 마치고 참석자에게 듣고 싶은 말은 무엇인가?
- 우리가 전달하고 싶은 메시지는 무엇인가? 그것 중 하나만 고를 수 있다면 무엇인가?
- 효과적으로 전달하는 방법은 무엇인가?
- 누가, 무엇을, 어떻게 준비할 것인가?

팀장들에게 자기 생각을 포스트잇에 적은 다음 설명하고 함께 논의하는 방법으로 브레인스토밍을 한다. 새로운 아이디어와 다양한 관점을 발견하고 배운다. 핵심 메시지, 설명에 필요한 데이터, 표현 방법을 논의하고 합의한다. 미팅을 마무리하기 전에 자료가 주는 메시지에서 특별히 관심을 가져야 할 부분은 무엇이 있는지 한 번 더 돌아가며 이야기한다. 각자 이해한 내용과 할 일을 요약하면서 잘못 이해하고 있거나 다른 관점에서 조정이 필요한 부분이 있는지 점검한다. 앞으로의 일정을 수립하고 회의를 마친다.

3장
자기인식 역량

셀프 리더십으로
리드한다

1

자기 생각과 행동을
틈나는 대로 살핀다

"코치님, 이제는 결단을 내려야 될 것 같습니다. 정말 답답합니다. 참는 것도 한계가 있습니다. 이제 더는 못 참겠습니다."

안 이사는 8개월 전 타 부서에서 합류한 송 차장에게 화가 나 있다. 안 이사는 기술자 출신으로 화합을 중요하게 여긴다. 그는 따뜻하고 조용한 성품으로 사려가 깊다. 모르는 것이 있으면 공부를 해서라도 제대로 이해하고 해결하려고 노력한다. 그와 4년 넘게 함께 일해온 팀원들도 그를 존경하고 있다. 그런 그가 팀원에 대해 이렇게 표현할 정도면 상황이 심각하다. 그동안 많이 참은 것이다.

안 이사는 송 차장의 우수한 능력은 인정하지만 그의 거침없는 행동이 못마땅하다. 신중하지 못하고 남을 배려하지 않는 것 같다. 일을 시키려면 왜 자기가 그 일을 해야 하는지 설명을 요구해서 불편하다. 동료들이 늦게 남아 일하든 말든 신경쓰지 않고 자기 일만 하고 퇴근한다. 근무 시간 중에 다른 팀 동료들과 잡담하는 모습도 몇 번 눈에 띄었다. 안 이사는 송 차장을 이기적인 직원이라고 판단했다. 몇 번 주의를 주었지만 여전히 변한 것이 없이 그대로다.

스스로 자신을 만나는 계기를 만들자

코치 많이 노력했지만 송 차장 행동이 바뀌지 않아 속상하고 답답하겠네요. 괜찮으면 제안을 하고 싶은데 어떠세요?

안 이사 좋습니다. 저도 뭘 어떻게 해야 할지 몰라서요. 코치님 조언이 필요합니다.

코치 먼저 송 차장에게 이사님에 대한 피드백을 요청해보면 어떨까요?

안 이사 네? 그게 무슨 말인지요?

코치 송 차장 눈에 이사님은 어떤 사람이고 좋은 점과 개선할 점이 무엇인지 솔직하게 의견을 구해보는 건 어떨까요? 상대의 눈에 비친 자기 모습을 알게 되면 그 사람이 무엇을 중요하게 여기는 사람이고 왜 그런 행동을 계속하는지 알게 되지 않을까요?

중요한 것은 그 과정에서 안 이사가 자신을 만나는 계기를 만드는 것이다. 자기를 인식하는 과정이다. 안 이사는 처음에는 탐탁지 않게 생각했지만 마지막 시도라는 마음으로 해보기로 했다.

안 이사 송 차장, 우리 부서에 온 지 6개월이 넘었는데 부서에 와서 느낀 점을 듣고 싶어요. 외부에서 일할 때 나에 대해 느낀 점과 막상 함께 일하면서 나에 대해 느낀 소감을 이야기해 줄 수 있을까요? 내가 뭐를 좀 개선하면 더 좋을까요? 나는 요즘 내 생각만 하고 있다는 생각이 들어서 다른 사람 의견이 궁금해요.

송 차장 없습니다. 워낙 잘하고 계신데요.

안 이사 그렇게 봐주고 있다니 고마워요. 혹시 어떤 부분을 잘하고 어떤 부분이 부족한지 좀 구체적으로 말해주겠어요?

송 차장은 망설이다가 조금씩 자신이 아쉽게 느낀 부분을 섞어서 이야기했다. 기대하지도 않았는데 안 이사가 먼저 요청하는 모습에서 용기를 냈다며 입을 열었다. 다른 팀에서 고참 차장으로 일하다가 팀워크가 좋은 팀에서 일하게 돼 기대가 컸다고 한다. 그런데 그 팀워크가 자기에게 문을 열어주지 않는 끼리끼리 문화로 느껴졌다고 한다. 안 이사는 가슴이 뜨끔했다. 송 차장은 자신이 팀에서 환영받지 못하고 소외된다는 느낌을 받았던 것이다. 그 느낌은 자신과 처음 만나 인사하는 자리에서 안 이사도 기억하지 못하는 표현을 오해한 것에서 비롯됐다.

안 이사가 팀워크의 중요성을 강조하고 제대로 기여해달라고 당부하는 뜻으로 한 이야기를 '당신이 무슨 기여를 할 수 있을지 모르겠다.'라는 부정적인 의미로 해석해서 들었다. 그 뒤로 반복적으로 후배들 앞에서 지적을 받다 보니 자기 판단을 더욱 확신하게 된 것이다. 송 차장은 새 팀에서 실수하지 않기 위해 안 이사의 업무 지시에 대해 꼼꼼히 질문을 했다. 그런데 안 이사는 송 차장이 꼬치꼬치 따져 묻는 것으로 인식하고 불편하게 여겼다. 안 이사는 처음으로 자기 모습과 자기 팀을 다른 사람의 관점으로 바라보았다.

안 이사 그랬군요. 송 차장이 아주 섭섭하고 답답했겠네요. 내가 미처 생각하지 못했어요. 팀워크를 중요하게 여기면서도 내 방법만 강요했네요. 미안해요.

송 차장 아니에요. 저도 어린아이처럼 제 생각으로 오해한 것 같습니다. 원하시는 게 무엇인지 알면서도 몸이 잘 안 움직여졌어요. 외톨이가 살아남는 방법이라고 생각해서……. 이제부터라도 제대로 해보겠습니다.

안 이사 그렇게 말해주니 더 미안합니다. 경험 많은 송 차장이 있어서 든든해요. 혹시 내 도움이 필요한 것은 없나요?

안 이사는 화합을 중요하게 여기는 자신은 늘 상대를 배려하고 있다고 생각했고 자기 기준으로 송 차장을 문제 있는 사람으로 판단했다. 그러나 대화를 통해 송 차장의 입장을 새롭게 인식했고 자기 생각에만 빠져 있었다는 것을 발견했다. 송 차장의 의견을 묻지 않고 자기 생각대로 내몰았다면 어떻게 됐을지 생각만 해도 아찔했다. 물론 안 이사가 제대로 일하고 싶어 하는 욕구가 있었기에 가능했던 일이다.

다른 시각으로 자기 생각과 느낌을 점검하자

자기 생각에 빠져 스스로를 의심하지 않거나 지금의 자신에게 만족한다면 변화할 이유가 없다. 이런 상태에 있을 때는 누가 충고해도 받아들이지 못하고 변화를 거부한다. 자기가 보고 싶은 것만 보고 생각하고 싶은 대로만 생각할 때 다른 시각과 생각이 들어갈 틈이 생기지 않는다. 의도적으로 자기 생각과 행동을 살펴볼 때 비로소 변화를 위한 시동이 걸린다. 그러므로 자기 주도적 변화를 원한다면 자기 마음을 다룰 수 있어야 한다. 다른 시각으로 자기 생각과 느낌을 점검하는 것이다. 생각이 바뀌면 느낌도 바뀌고 다른 행동을 선택한다.

함께 보고 배울지라도 배움의 크기는 인식 역량과 비례한다. 인간은 자신도 모르는 심리적 방어기제 안에 갇혀 있다. 그러다 보니 스스로 인식을 바꾸는 것은 한계가 있다. 이때 질문은 인식의 방향과 크기를 바꾸도록 마음을 자극하는 기능을 한다. 스스로 인식을 확장해 새로운 생각과 시도를 하도록 고무한다.

2

의도적으로
새로 고침 버튼을 누른다

"Out of box(아웃 오브 박스)."

미국 동료들과 일할 때 가끔 듣는 말이다. 내 주장만 반복하고 있을 때 내가 갇혀 있는 상자에서 나와서 다른 맥락과 상대의 입장에서 자기 주장을 생각해보라는 뜻이다. 맥락은 말과 말, 행동과 행동, 사람과 사람, 그리고 시간과 시간 사이 공간에 존재한다. 맥락은 의도적으로 주의를 집중해야 파악할 수 있다. 질문을 받으면 자신의 답을 말하기 전에 질문자의 욕구와 맥락을 고려해야 한다. 그러면 자기 생각에서 벗어나 다른 시각에서 새로운 대안을 마련할 수 있다. 상자 밖으로 나가는 것은 의도적으로 자기인식을 확장하는 것이다.

조직에서 흔히 발생하는 문제 중 하나는 바로 '나에게 문제가 있다는 사실을 깨닫지 못하는 것'이다. 자기 생각을 제대로 표현한 적이 없으면서 내 마음을 알아주지 않는 동료와 상사를 비난한다. 자기 행동은 의도로 평가하고 상대는 행동과 결과로 판단한다. 어떤 행동이 필요하고 바람직한 행동인지 안다. 하지만 실제로는 행동하지 않는 '자기기만'이라는 상자에 갇힌다.[1] 책임을 회피하고 남과 환경을 탓하며 자신은 희생자라고 느낀다. 시도하려고 하기보다는 할 수 없는 이유를 찾는 것에 초점을 맞춘다. 원하는 성과를 달성하려는 방법을 찾기보다는 예상되는 장애물에만 주목하며 행동하지 않는 자신을 위로한다. 이런 상황의 극단적인 사례는 정치권에서도 종종 볼 수 있다.

1988년에 일본에서 리크루트 스캔들이라는 부정부패 사건이 터져 정치권뿐만 아니라 나라 전체가 들썩였다. 아사히 신문사가 리크루트 사의 뇌물이 정·관·재계 유력 인사들에게에 제공된 사건을 보도했는데 10개월 뒤에 총리를 비롯해 수십 명의 정치인이 자리에서 물러나야 했다. 이때 정치인들이 보여준 자기기만은 자신에게는 문제가 없고 오히려 피해자로 여겼다는 것이다. 처음에는 의혹을 부정하더니 사건이 점차 확대되자 아랫사람에게 책임을 전가했다. 나중에는 마지못해 사과했다. 그러면서 자신의 잘못은 없어도 물의를 일으킨 결과에 대해서 자숙하겠다는 표현을 썼다.

자기기만이라는 안전지대에 있는 사람은 업무에 몰입하지 못하며 다른 구성원들과 건강한 관계를 구축하고 협력하는 활동을 피하게 된다. 잠재력은 물론이고 드러난 장점도 제대로 발휘하지 못한다. 조직의 성장에도 방해가 되지만 조직생활에서 행복감을 느끼지 못하는 개인에게도 안타까운 일이다.

'새로 고침' 버튼을 눌러 자신을 살피자

자기인식 능력은 시력과 청력처럼 개인별 차이가 있다. 하지만 의도적인 노력을 통해 지속적으로 향상할 수 있다. '알아서 일 잘하는 인재'는 의도적으로 안전지대에서 벗어나려고 노력을 한다. 자기 생각과 행동을 살피고 습관과 한계를 극복하려 애쓴다. 하루에 단 몇 분이라도 자기 느낌과 욕구를 살펴본다.

불편한 감정이 느껴지면 잠시 멈추고 '새로 고침' 버튼을 누른다. '새로 고침' 버튼을 누른다는 것은 감정 아래에 숨어 있는 욕구를 탐색해 자신을 방해하는 요소를 찾아보고 자기기만의 상자 밖으로 나와서 상황을 다르게 인식하는 것이다. 예를 들어, 회사나 동료의 문제가 보일 때마다 그것이 자기 판단인지 사실인지 질문한다. 의도적으로 상대의 긍정적인 면을 부정적인 면만큼 떠올려본다. 하고 싶은 행동을 방해하는 이유만큼이나 해야 하는 이유를 적어보고 자기가 할 수 있는 행동을 선택한다.

딜레마 상황에서도 잠시 멈추고 '새로 고침' 버튼을 누른다. 둘 중 하나를 선택하려는 프레임을 벗어나려고 의도적으로 노력해야 한다. 원하는 목표와 현재 상황을 다양한 관점으로 살펴본다. 양자택일의 선택이 아니라 창조적이고 통합적인 해결 방법을 추구한다. 합리적으로 무엇이 이치에 맞고 이익이 더 큰지 검토하지만 그것에 매이지 않는다. 지금 여기에서 맞다고 주장하는 논리와 방법이 다른 맥락과 환경에서는 맞지 않을 가능성을 수용하고 조화를 이룰 대안을 찾기 위해 심사숙고한다.

자기인식 능력은 자기 주도적 변화를 조화롭게 이끄는 핵심 역량이다. 코칭 리더십은 '새로 고침' 버튼을 누르게 함으로써 자기인식 능력을 높인다. 화합을 추구하면서도 주도적으로 행동하고 책임감을 부여하면서도 자율성을 용인한다. 개성을 중시하면서도 팀과의 조화를 찾도록 돕는다. 규칙을 중요하게 여기면서도 사람과 맥락을 함께 고려한다. 솔직하게 피드백을 하면서도 지지와 응원을 잊지 않는다. 성과만 추구하고 인간관계를 무시하거나 인간관계를 중요하게 여기면서 성과를 무시하지 않는다. 맥락에 따라 유연하고 기민하게 생각하고 행동한다.

자기인식은 성찰을 통해 통찰에 이르게 한다

자기인식은 마음과 그 작용을 이해하는 '과정'이다. 성찰을 통해 '아하!' 하는 통찰의 순간에 닿음으로써 자기기만의 상자에서 탈출하는 것이다. 자기에 대한 집중이 곧 자신에 대한 성찰을 의미하지 않는다. 잘못하면 더 깊이 자기 생각에 빠질 수도 있다. '아하 모멘트'란 무릎을 치며 아하! 하고 새롭게 깨닫는 순간을 의미한다. 아르키메데스가 목욕탕에서 유레카! 하고 외치며 뛰쳐나간 순간이다. 안개가 걷히듯이 답답함이 해결되거나 번개처럼 새로운 영감이 떠오를 때다. 같은 것을 새로운 관점에서 다르게 인식하고 나의 눈과 남들의 눈이 다를 수 있다는 사실을 깨닫는 순간이다. 자기 망상에서 빠져나와 자기 주도적 변화를 시작하는 순간이다.

'어리석은 사람은 인연을 만나도 몰라보고, 보통 사람은 인연인 줄 알면서도 놓치고, 현명한 사람은 옷깃만 스쳐도 인연을 살려낸다.' 피천득 시인의 수필 「인연」에 나오는 명문장이다. 인생의 터닝 포인트가 되는 '아하 모멘트'를 만나는 인연은 무작정 기다려서는 안 되고 만나려고 노력해야 한다. 자기인식 능력은 '아하 모멘트'의 문을 여는 열쇠다. 내 안에 잠재력으로 가득한 거인을 발견하는 능력이다.

3

심리적 에너지를 관찰하고 통제한다

조직 심리학자 타샤 유리크Tasha Eurich는 자기인식 능력을 "자신을 명확하게 보는 능력이다. 자신이 어떤 사람인지, 다른 사람들은 자신을 어떻게 생각하는지, 자신이 주변 세상과 어떻게 어울리는지 아는 능력이다."라고 정의했다.[2] 자기인식 능력은 자신을 여러 관점으로 성찰해 명확히 이해하는 능력이다. 새로운 경험에서 언제든지 배우고 자기 생각을 수정할 수 있는 포용력이며 융통성이고 세상을 향한 개방성이다. 구글의 엔지니어이자 명상가인 차드 멍 탄Chade-Meng Tan은 "자기인식은 감정과 내면을 더 높은 해상도로 이해하는 능력이며 자신의 우선순위 목표를 분명히 알게 됨으로써 자신감을 높인다."라고 말한다.[3]

그뿐만 아니다. 자기인식 능력에 따라 책임감의 수준도 변한다. 자기인식 수준이 낮은 구성원은 자신이 자신을 탐구하는 것에 서툴러

자기 책임 범위를 좁게 한정하고 타인과 환경에 책임을 돌리거나 핑계를 댄다.

유리크 박사는 자기인식 능력이 높은 사람이 더 행복하며 현명하게 결정을 한다고 주장한다. 자신감과 창조성이 높은 것은 물론이고 거짓과 부정을 저지를 확률도 적다. 경험에서 배우는 능력, 잘못된 정보, 확인되지 않은 정보에 대해 의심하는 능력도 자기인식 능력에 따라 차이가 난다. 21세기가 요구하는 메타 기능으로서 정서 지능, 공감 능력, 영향력, 설득력, 소통 능력, 협동심 등이 모두 자기인식에서 나온다. 결국 자기인식은 인생을 잘 살기 위한 최상의 토대이고 발전 가능하며 노력을 투자할 가치가 있는 역량이다.[4]

자기인식은 위기와 문제해결의 열쇠다

끊임없이 자기인식을 한다는 것은 정체되지 않고 꾸준히 의식이 성장해 발전한다는 뜻이다. 문제나 위기가 발생하면 발생 당시의 의식 수준에서 상황을 바라보지 않는다. 알베르트 아인슈타인Albert Einstein 은 "문제는 그 문제를 만들어낸 의식의 수준으로는 결코 해결할 수 없다."라고 말했다. 피터 드러커Peter Drucker 역시 의식 성장의 중요성을 강조했다. "격동의 시대에 가장 커다란 위협은 격동이 아니라 그것을 어제의 논리를 가지고 대응하는 것이다."

인식한다는 것은 이미 알고 있던 것과 자기가 보고 느낀 것을 주의 깊게 성찰해 새롭게 해석하는 정신 작용이다. 인식 역량이 성장한다는 것은 자신의 심리적 에너지를 통제할 수 있는 능력이 커지는 것이다. 무언가를 통제하려면 그보다 더 높은 수준으로 인식이 성장해야 한다.

심리학자 켄 윌버Ken Wilber는 "성장이란 자신의 지평을 확대시키고 확장하는 것을 의미하며 밖으로 향한 조망(관점)과 내적으로 향한 깊이에 있어서 경계의 성장을 의미한다."라고 말했다.[5] 그런 점에서 성장은 자기인식을 더욱 깊고 넓게 포괄해가는 풍요화 과정이다. 의식의 성장은 기존의 생각을 뛰어넘어 창조성과 특별함을 추구해 탁월한 성과를 만들어낸다.* 조직과 인간 개발 분야의 전문가인 프레데릭 라루Frederic Laloux는 인간 의식의 탁월한 변화가 만드는 조직 발달의 다섯 단계를 설명했다.[6] 그는 "조직에서 의식의 변화는 개인의 에고를 잘 다루면서 진정성 있고 건강한 존재가 될 수 있는 방식의 성장이며 그에 해당하는 조직 모델의 개발이 필요하다."라고 주장한다. 구성원의 자기인식 역량에 따라 조직의 성숙도가 결정된다는 말이다. 리더와 구성원의 자기인식 수준이 높을수록 조직에서 심리적 안정감과 업무 만족도가 증가한다.

자각과 책임으로 자기 주도적 변화를 꾀하자

기존의 피라미드 조직은 리더와 구성원 모두 성취감을 느끼지 못하고 몰입과 열정을 쏟을 사명감이 없이 권력 게임이나 내부 정치 등

---

* 조남철 코치 등 전문가들의 의견에 따르면 인식은 무엇에 대해 새롭게 판단하고 해석하는 정신 작용이라면 의식은 자신이 보고 느낀 것을 주의 깊게 성찰해 자각하면서 느끼는 주관적이고 체험적인 과정의 에너지 상태를 말한다. 여기서는 두 개념을 구분하지 않고 사용했다.

과 같은 개인의 에고를 추구하는 장소였다. 다가오는 세상에는 새로운 협력 관계와 의사결정 프로세스가 필요하다. 개인과 조직의 인식의 성장을 요구하는 것이다. 인식의 수준에 따라 좋고 나쁨이 있다는 것은 아니다. 지금의 문제를 해결하기 위해 어떤 의식 수준이 필요한지 살피라는 것이다. 오늘날 조직에서 자기 주도적 인재를 키우는 것은 인식 역량을 키우는 것과 관련이 있다. 구성원의 자기인식 능력은 대화, 소통 방법, 그리고 선택하는 행동에서 차이를 보여준다. 지시받은 것을 넘어 더 가치 있는 일에 집중한다면 누군가의 지시를 기다리지 않고도 향상된 수준의 결정을 할 수 있다.

타샤 유리크 박사는 "직장에서 자기인식이 부족한 직원은 조직의 판단력을 평균 36퍼센트나 떨어뜨리고 화합을 46퍼센트 해치며 갈등을 30퍼센트 증가시킴으로써 팀의 실적을 떨어뜨린다. 더욱이 자기를 과신하는 경영자는 직원들의 실력을 제대로 보지 못하기 때문에 최우수 직원들의 기여도를 과소평가한다."라고 주장한다. 또한 애초에 자기인식이 없다면 관리자의 위치에 오르기 어렵지만 연공서열과 지위가 올라가면서 망상도 함께 커지고 자만심이 생겨 자기가 보고 싶은 것만 보려는 경향이 심해진다고 한다.

또 자신이 인식 능력이 있다고 평가하는 사람조차 실제로 10~15퍼센트만이 자기인식 능력을 제대로 갖추고 있었으며 경험이 풍부하고 높은 위치에 있는 리더들이 오히려 자신을 과대평가할 확률이 높다고 한다. 상급직으로 올라갈수록 평가의 기준이나 방법이 애매하고 주위에 정직한 피드백 장치가 거의 없어서 자기 착각을 가장 늦게 깨닫게 된다는 것이다.[7]

그러므로 누구나 변화를 지속하기 위해서는 새로운 인식을 자극하며 피드백하는 코치가 필요하다. 자기 인식 능력은 '새로 고침' 버튼을 의도적으로 누를 때 작동하기 때문이다. 언제 버튼을 눌러야 할지 스스로 알면서도 무시하고 있다가 코치의 질문으로 버튼을 누르곤 한다.

코칭의 핵심 원칙은 '자각'과 '책임'이다. 스스로 자기 내면에서 답을 찾는 것이 코칭이다. 따라서 자신을 모르거나 제대로 알려는 의지가 없다면 코칭은 제대로 작동할 수 없다. 코칭이 작동하기 위해서는 자기인식 능력이 필요하며 코칭을 통해 능력이 발달되기도 한다. 코칭은 인식을 전환해 스스로 새로운 선택을 하고 그 선택을 책임지는 과정이다. 자기인식 능력은 자가발전적인 프로세스, 즉 인생이라는 여정에서 '자기 주도적 변화'에 필요한 핵심 능력이다.

4

자기인식을 자극하는
세 가지 센서를 켠다

자율주행 자동차는 센서 기술과 수집한 데이터를 처리하는 기술이 중요하다. 자율주행 자동차는 스스로 속도를 제어해 앞차와 거리를 유지하며 사각지대를 없애고 주변을 민감하게 살펴 돌발 상황에 대응한다. 스스로 방향을 바꾸고 차선을 변경하며 속도를 조절하고 멈춘다. '자기 주도적 변화'라는 여행을 하려면 지금 자신이 상황을 어떻게 해석하고 반응하는지 알려주는 내비게이션이 필요하다. 그 내비게이션 역할을 하는 중요한 역량이 바로 자기인식 능력이다.

자기인식 능력이 수집된 정보를 처리해 결과를 알려주는 내비게이션이라면 이 기능이 작동하기 위해서는 세 가지 센서가 필요하다. 자기 내면을 탐구하고 기준점을 알려주는 기준점 센서, 타인을 이해하고 환경을 인식하는 공감 센서, 그리고 타인과 환경에 반응하는 다양한 자기 모습을 인식하는 조망 센서다.

제1센서: 기준점 센서

길을 잃고 헤매고 있으면 내비게이션이 알람을 울린다. 현재의 위치와 목적지를 확인하라는 소리다. 기준점 센서는 자신의 현재 위치를 찾아 목적지와 비교하는 센서다. 이 센서가 작동하면 자기 내면을 탐구한다. 지금 왜 이런 감정과 욕구를 느끼는지, 왜 이 일을 해야 하는지, 이 일이 자신에게 어떤 의미인지 질문한다. 질문에 대답하는 동안 생각이 명료해진다. 자신이 원하는 것을 정확하게 표현해 모호함과 오해에서 오는 비효율을 줄일 수 있다. 기준점 센서는 가치관, 꿈과 이상, 성격, 재능, 강점과 약점, 할 수 있는 일, 하고 싶지 않은 일 등을 살피며 자기다운 모습을 고민하고 인생의 목적과 가치를 찾게 하는 센서다. 이 센서가 제대로 작동하지 않으면 스스로의 주인이 될 수 없으며 주인이 돼도 하룻강아지 범 무서운 줄 모르는 사람이 된다.

JTBC의 예능 프로 〈냉장고를 부탁해〉를 보면서 불현듯 '나는 내 인생에서 무슨 요리를 만들고 있지?' 하는 질문이 떠올랐다. 나는 무슨 요리를 만들고 싶은 거지? 그 요리에 필요한 재료를 냉장고에 가지고 있나? 요리를 할 실력은 있나? 인생의 목표를 세우고 성취를 위해 노력하고 있다면 그것이 나의 강점과 가치관에 부합한지 생각해봐야 한다. 지금 냉장고에 스파게티를 만들 재료가 있는데 풀코스 한정식 요리를 만들려고 쩔쩔매는 것은 아닌가? 만약 그렇다면 음식을 만드는 내내 행복하거나 성취감을 느끼기 어려울 것이다. 자기 냉장고에 있는 재료가 무엇인지 찬찬히 들여다보자. 혹시 아는가? 그 재료로 나만의 특별한 소스로 맛을 낸 대표 요리를 만들게 될지. 문밖에 단 간판을 버리고 자기 모습을 객관적으로 바라보고 자기가 되고 싶은 모습을 명확하게 그려보는 것이 중요하다. 기준점 센서를 작동시키는 것이다. 과연 자기다운 모습은 무엇인가?

리더가 구성원을 주인으로 대접해도 정작 구성원이 자기가 주인인지 모른다면 아무 소용없다. 남들이 옆에서 주인이라고 말해줘도 한 번도 주인으로 살아본 적이 없는 사람이라면 어색할 것이다. 자신이 누군지 알아야 주인 노릇을 할 수 있다. 자신을 주인으로 인정하지 못하는 사람은 남도 주인으로 인정하지 못한다. 자신을 모르는 사람은 남의 충고와 비난에 즉각적인 반응을 한다. 자신을 아는 사람은 상대의 비판과 지적에 휘둘리지 않고 또 남들을 비판하고 평가하지 않는다. 기준점이 분명하기 때문이다.

자기다운 삶을 살고 있는 사람은 자기 인생의 목적지를 잘 알고 있다. 우리는 자신이 누구이며 삶의 목적이 무엇인지 성찰하는 시간이 필요하다. 다양한 성격 진단, 갤럽의 강점 진단, 360도 다면평가 등의 도구를 통해 되도록 빨리 자신을 객관적으로 파악할 수 있다. 그리고 생활 속에서 자기가 생각하는 '나'와 남들이 생각하는 '나'가 다를 수 있다는 것을 경험한다. 자신이 할 수 있는 것과 할 수 없는 것을 안다. 나다운 것과 나답지 않은 것을 구분할 수 있다. 남들과 다른 자신을 수용하고 존중한다. 그래서 기준점 센서가 중요하다.

제2센서: 공감 센서

공감 센서는 타인과 환경을 인식한다. 나와 다른 상대의 기분과 욕구를 이해한다. 환경의 변화가 자신과 타인에게 미치는 영향을 감지

한다. 또한 자신의 행동이 타인과 조직 분위기에 미치는 영향을 살피며 자기 행동을 통제한다. 이 센서를 통해 외부에서 더 많은 정보를 수집해 기준점 센서에 공급한다.

- 말이 통하지 않는 사람이에요.
- 앞뒤가 꽉 막혔어요.
- 자기 입장만 중요해요.
- 그걸 본인만 몰라요.

이런 평가에서 자유로운 사람은 많지 않다. 누구나 자기만의 필터로 세상을 보기 때문이다. 상대의 감정을 상하게 하고도 인지하지 못한다. 우리는 남의 입장이나 맥락을 무시하고 자기주장만 하고 제멋대로 행동하는 사람을 자기밖에 모르는 눈치 없는 사람, 고집스럽고 답답한 사람, 말귀를 못 알아듣는 사람이라고 말한다. 심하면 독선과 아집으로 자기 망상에 빠진 사람이라고 평가한다.

관계 속에서 자기인식을 설명하는 모델로 심리학자 조지프 루프트Joseph Luft와 해리 잉햄Harry Ingham이 만든 '조하리의 창Johari's Window'이 있다. 조하리의 창은 총 4개의 영역으로 이루어져 있다. 이 창의 한 축은 자신의 관점으로 '자신이 아는 것과 모르는 것'이다. 또 한 축은 타인의 관점으로 '타인이 아는 것과 모르는 것'이다. 두 개의 축을 기준으로 4개 영역으로 인식의 영역을 구분한다. 개인마다 성향이 달라 각 영역의 크기는 조금씩 다르게 나타난다. 첫 번째는 '공개 영역open area'으로 나도 나를 알고 남도 나를 아는 영역이다. 두 번째는 '등잔 밑 영

조하리의 창

		자신	
		자신에게 인식됨	자신에게 인식되지 않음
타 인	타인에게 인식됨	공개 영역 알려진 재능과 감정	등잔 밑 영역 자기 제어가 부족한 영역
	타인에게 인식되지 않음	숨겨진 영역 활용하지 않는 재능	미지의 영역 알려지지 않은 잠재력

역blind area'으로 타인은 나에 대해서 아는데 나는 나를 모르는 영역을 말한다. 세 번째는 '숨겨진 영역hidden area'으로 남은 나에 대해서 모르고 나만 알고 있는 영역이다. 네 번째는 '미지의 영역unknown area'으로 남도 모르고 나도 모르는 무의식의 영역이다. 공감 센서는 기준점 센서와 함께 '등잔 밑 영역'을 탐구해 좁혀감으로써 '공개 영역'을 확장한다.

공감 센서는 말로 표현되지 않는 부분까지 듣는 경청과 공감 능력에 연결돼 있다. 상대의 기분과 의도를 알아차리고 외부 환경의 변화가 개인과 조직에 미치는 영향을 민감하게 예측한다. 이 센서는 리더가 자신의 말과 행동이 구성원들의 사기와 생산성에 미치는 영향을 고려하는 능력이다. 구성원들의 재능, 강점, 성격의 차이를 받아들이고 조직의 다양성을 추구하는 데 필요하다. 옳고 그름의 선택을 넘어 통합적이고 창조적인 패러다임으로 새로운 가능성을 찾아내도록 돕는다.

제3센서: 조망 센서

조망 센서는 앞의 두 센서와 다르게 자기 자신과 거리를 두고 자신을 입체적으로 인식하게 한다. 거리를 자유자재로 조절하며 자신을 관찰하는 센서다. 멀리서 자신과 자신이 처한 환경을 바라보기도 하고 때로는 가까이서 돋보기를 가지고 자신을 관찰한다.

'내 속엔 내가 너무도 많아서 당신의 쉴 곳이 없네.'

하덕규의 노래 〈가시나무〉의 가사처럼 내 안에는 여러 모습의 '나'가 있다는 것을 알고 그들을 인식하고 관찰한다. 어떤 일에 몰두해 서둘러 처리하는 '나'가 있다. 반면에 어지럽혀져 있는 거실 소파에 누워 꼼짝하기도 싫어하는 '나'도 있다. 누구에게는 모든 것을 줄 것처럼 친절한 '나'가 있는가 하면 누군가에게는 무관심하고 냉정한 '나'도 있다. 큰일에도 당황하지 않는 '나'도 있지만 작은 일에도 분노하고 흥분하는 '나'도 있다. 조망 센서는 그런 각각의 '나'에게 이름을 붙이고 자기 내면에서 언제 어떤 '나'가 어떻게 활동하는지 가만히 주의를 기울여 구분하며 관찰하는 센서다. 이 센서는 그들 모두의 관찰자이기 때문이다.

톰 홈즈는 자기 내면에 있는 여러 모습의 자신들을 소인격체라고 정의한다.[8] 다른 이름으로는 스키마schema 또는 자아 상태ego state라고도 한다. 각각 독특한 사고, 감정, 행동에 일관성 있는 형태를 보인다고 설명한다. 이 소인격체는 개인의 유전적 또는 문화적 경험과 같은 역사로부터 형성된 습관과 에너지를 가지고 있다. 그들은 마음의 무대에 출연하는 여러 출연진이다. 그중에서 주연급들이 무대에 자주 등장한다. 어떤 소인격체를 등장시키는가에 따라 상황을 매우 다른 방식으로 경험한다. 각각의 소인격체들은 자기들만의 방식으로 우리의 인식을 여과하기 때문이다. 소인격체 하나하나는 나의 마음이고 나의 생각을 결정하는 나의 에고다.

각 소인격체는 그 자체만으로 좋고 나쁨이 없다. 모두 나에게 필요하다. 예를 들면 소심하고 두려워하는 소인격체는 위험에서 나를 보호하고 새로운 일을 완벽하게 처리하는 것을 돕는다. 밤길에 처음 가는 목적지를 찾는 경우에 꼭 함께해야 한다. 문제는 내가 그를 초대할 때 등장해야 한다. 내가 초대하지도 않았는데 자기들 마음대로 무대에 오르내린다면 곤란하다. 이때는 통제력을 잃게 된다. 어떤 소인격체는 상황에 맞지 않는데도 무대에서 내려오지 않고 점령하려고 한다. 또 다른 소인격체는 무대에 필요한데도 무대 위에 올라오는 데까지 시간이 오래 걸리거나 오르지 못한 상태에서 무대의 막이 바뀐다. 다양한 출연진이 있는 줄도 모르고 평생 단 몇 명의 출연진으로 단조롭고 지루한 무대를 만드는 경우도 있다. 또는 다른 출연진이 있다는 사실을 의도적으로 거부하기도 한다.

등장하는 빈도수와 특정 환경에서 습관적으로 등장하는 소인격체는 사람마다 다르다. 연출자에 따라 그들은 다른 장면에 다른 모습으로 등장한다. 반면에 나의 소인격체와 남들의 소인격체는 다르지 않다. 부끄러워하는 소인격체는 누구에게나 있다. 지금 어떤 배우가 무대 위에 서 있는가만 다르다는 것을 이해하면 상대에 대한 판단과 느낌이 달라진다. 지금 내 앞에 있는 상대는 내 안에 숨어 있는 다른 모습의 '나'일 수 있다. 이렇게 우리는 연결돼 있을 수 있다. 자기인식 능력의 성장은 결국 세상 속에서 자기 존재 방식이 변화하는 것이라고 할 수 있다. 내 안의 '나'뿐만 아니라 상대의 존재를 인정하고 연결하는 방법이 성숙해지는 과정이다.

지금 이 순간에 생각하고 있는 당신은 진정한 당신이 아니다. 그는 무대에 섰다가 내려갈 존재일 뿐이다. 진정한 당신은 그들 모두를 조망하고 바라보는 관찰자며 통제자다. 어쩌면 진정한 당신은 그 관찰자를 관찰하는 그 누구라는 사실을 알아야 한다.

5

자기 안의 다양한 '나'들과 소통한다

세 가지 자기인식 센서는 누구나 가지고 있다. 그렇지만 가지고 있는 줄도 모르거나 작동했는데도 모르고 살면 소용이 없다. 예를 들어 따끔한 충고를 받으면 저절로 센서가 작동한다. 아주 오랫동안 사용을 안 하고 방치됐던 센서는 부족한 자신, 후회하는 자신, 모욕을 느끼는 자신 등 부정적인 면만 인식하기 쉽다. 자신을 부족하다고 느끼는 또 다른 자신을 인식하지 못한다. 그 존재는 더 잘하고 싶어 하는 더 높은 목표를 추구하는 긍정의 존재다. 그가 없다면 부정적인 면도 보이지 않는다. 센서를 제대로 사용하기 위해서는 다양한 '나'들의 역동을 관찰하는 순수한 '나'의 상태를 유지하는 노력이 필요하다.

센서가 제대로 작동하려면 몇 가지 도움이 필요하다. 마음챙김 명상이나 감수성 훈련[9]은 센서의 성능을 개선해 자기인식 능력이 향상된다. 한 센서의 성능이 개선되면 다른 센서도 작동을 시작하며 함께 성능이 개선된다. 세 가지 센서들이 민감하게 작동하여 더 넓고 깊게 인식할 수 있게 된다.

자기인식의 성장은 그동안 자신은 아무 문제가 없다는 관점에서 벗어나 문제를 알아차리지 못했던 자신이 바로 문제의 원인임을 알고 자기 변화를 선택한다. 주말 오후 재방송 프로를 무감각하게 쳐다보거나 채널을 돌리며 시간을 보내는 자신이 지금 어떤 욕구를 채우고 싶은지, 이런 행위가 자신은 물론 주위 사람들에게 어떤 영향을 주는지를 의도적으로 인식하고 TV를 계속 볼지 말지를 스스로 결정한다. 직원의 성장을 위해 피드백을 한답시고 시작한 충고가 어느덧 지적으로 바뀌고 이윽고 흥분해서 화풀이로 돌변할 때가 있다. 이런 자신을 깨닫고 멈추는 것이다.

자기인식 능력이 향상되면 자기 안에 있는 다양한 '나'들을 만나고 소통한다. 마치 지휘자나 감독과 같이 다양한 '나'들을 필요로 하는 곳에서 역량을 발휘하도록 지휘한다. 다양한 '나'들을 인식하고 관리하고 통제한다는 것은 마치 스마트폰에 많은 앱을 깔아 놓고 필요할 때 활용할 앱을 클릭해 활성화하는 것과 같다. 이런 상태는 호기심, 창의력, 용기, 침착함, 명료함, 자신감 등의 역량과 연결된다.

마음챙김은 창의력, 생산성, 행복감을 높인다

마음챙김은 지금 여기서 자신이 경험하는 것을 있는 그대로 바라보는 관찰이다. 관찰하기 위해 의도적으로 자기 내면에 주의를 집중한다. 자기 마음에서 일어나는 사건이나 현상을 판단 없이 순수하게 객관적으로 관찰해 내가 지금 무엇을 느끼고 있고 무엇을 하고 있는지 알아차리는 것을 말한다.[10] 마음챙김은 조망 센서가 작동하는 것과 같은 상태의 훈련이다. 만약 지금 불편함을 느끼고 있다면 대부분 왜 그런지 원인을 찾거나 그러지 말아야지 하고 상태를 의도적으로 바꾸려고 노력한다. 그러나 마음챙김은 불편함을 느끼는 자신을 알아차리고 판단 없이 그대로 바라보고 함께하는 것이다.

차드 멍 탄은 자기인식과 마음챙김의 유사성에 주목했다.[11] 마음챙김 명상이 훈련을 통해 이루어진다는 점에서 자기인식도 훈련할 수 있을 것이라는 아이디어를 얻고 〈내면 검색 훈련〉 프로그램을 개발했다. 1단계는 주의력을 집중하는 훈련이다. 2단계는 자가 감정의 흐름을 제3자의 관점에서 고해상도로 관찰하고 궁극적으로 통제하는 훈련이다. 3단계는 유용한 정신 습관을 만드는 단계로 상대에 대한 연민과 공감에 기초하는 훈련이다. 훈련을 통해 스스로의 주인이 돼 창의력, 생산성, 행복감을 높이는 것을 목표로 한다.

감수성 훈련은 존재의 신호등을 밝힌다

감수성 훈련은 자신과 타인의 감정과 행동에 대해 정확하게 이해하고 표현할 수 있도록 개발된 집단 연습이다. 지금 느끼는 자기감정을 표현하는 연습으로 시작한다. 다양한 감정이 생겼다가 없어지는 것을 관찰하고 감정에 이름을 붙여서 표현하는 연습을 한다. 차드 멍 탄의 훈련과 유사한데 차이점은 '표현'한다는 데 있다. 감수성 훈련은 자신과 상대방의 감정 변화를 알아차리고 표현하는 것에 집중한다. 상대의 표현으로 내 감정을 공감받았을 때 상대와 깊은 신뢰감으로 연결되는 것을 체험한다.

사람마다 같은 상황에서 다른 감정을 느낀다. 감정은 그 사람의 가치관, 다양한 경험, 교육, 성격 등 모든 것이 축적된 자기만의 필터를 통해 느끼기 때문이다. 그래서 감정은 그 사람의 존재를 드러내는 신호등이다. 감정을 섬세하게 느끼고 그 감정을 통해 상대방의 의도, 노력, 품성 등 존재를 표현하는 훈련을 한다. 처음에는 좋아요, 불편해요, 기뻐요와 같이 포괄적으로 표현하지만 자기 내면에 깃든 감정들의 변화를 더욱 섬세하게 구분해 표현할 수 있게 된다. 집단 훈련 과정중에 섬세한 표현을 함께 배우고 무의식에 영향을 줄 수 있는 표현의 차이를 이해하며 단어나 문장을 수정할 수 있는 능력을 익힌다.

감수성 훈련은 자기감정을 읽는 것에서 시작해 상대방의 말을 경청하고 숨어 있는 의도를 인정하는 훈련으로 나아간다. 나와 같이 소중하고 동등한 상대방의 감정을 공감하며 자기 중심 대화에서 상대방에 집중하는 대화를 훈련하면서 감수성을 키운다.

자기감정을 섬세하게 구분하고 명확하게 표현하는 훈련은 자기 감수성은 물론이고 타인과 집단에 대한 감수성을 높인다. 감수성 훈련은 양방향 공감과 소통에도 상당한 도움을 준다. 나의 필요나 불편한 감정을 명확하게 그러나 강요하거나 비난하지 않는 방법으로 표현하는 것을 훈련하기 때문이다. 내 감정과 욕구를 알려주면서도 상대의 감정을 인정하고 서로 다른 관점을 존중하기 때문에 건강하고 안전한 분위기를 촉진한다.

6

셀프 리더십으로
다양한 '나'들을 활용한다

인식의 성장은 자발적이고 지속적인 변화의 동력이다. 필터를 제거했다고 생각했는데 이번에는 또 다른 필터를 쓰고 있다는 것을 깨닫고 또 깨닫는다. 상자에서 나왔는데 더 큰 상자에 갇혀 있는 자신을 발견하고 다른 관점에서 그동안 보지 못했던 진실에 접근해간다. 그 과정에서 착각하고 있는 자신을 발견한다.

리더는 누구에게는 존경받고 다른 누구에게는 비판받는다. 이러한 상황에 일희일비하지 않고 다양한 모습의 '나'들을 수용해야 한다. 후회스러운 상황에서 자신을 부끄러운 사람, 부족한 사람으로만 여기지 않아야 한다. 지금의 자신에 만족하지 않고 더 잘하려고 노력하는 괜찮은 '나'가 있기 때문이다. 슬픔은 그 상황을 슬퍼하는 '나'를 만나는 것이다. 즐거움은 그 상황을 즐거워하는 '나'를 만나는 것이다. 그들이 온전한 내가 아니기 때문에 슬픔과 즐거움도 오래 머물지 않는다.

내면의 서로 다른 이해를 조율하자

한 편의 영화를 위해 많은 배우와 스태프가 필요하다. 감독은 영화에 등장하는 모든 참가자를 소중하게 여기고 그들의 역할을 잘 알고 있다. 나의 내면에서 각자 맡은 역할을 하고 있는 다양한 '나'들을 필요할 때 잘 활용할 수 있도록 평소에 다양한 '나'들을 만나야 한다. 각각의 역량을 키우고 상충하는 이해를 조절하는 셀프 리더십self-leadership 역량이 필요하다.

셀프 리더십은 자기 성찰이 이루어져야 발휘된다. 오프라 윈프리가 "내가 전하려는 메시지는 단순하다. 당신의 삶을 주관하는 사람은 바로 당신이라는 메시지다."라고 했다. 이 말처럼 자기 삶을 주관하는 주체가 바로 자신이므로 자신을 성찰할 수 있을 때 다양한 '나'들을 조율할 수 있다.

'하늘의 제왕'이라고 불리는 솔개에게서 셀프 리더십의 역량을 알아볼 수 있다. 솔개는 평균 수명이 약 70년인데 40살이 넘으면 부리와 발톱이 굽거나 닳고 깃털이 숭숭 빠지고 쇠약해진다. 이때 솔개는 앞으로 어떻게 살아갈지 선택한다. 더는 사냥도 힘들고 날기도 어려우니 서서히 죽음을 맞이할 것인가, 고통스러운 단련을 통해 삶을 이어갈 것인가를 결정한다. 앞으로도 하늘의 제왕으로 살기를 원한다면 스스로 깃털을 솎아 내고 발톱을 쪼고 부리를 바위에 갈아 날카롭게 만든다. 그 과정은 죽음보다 고통스러울 것이다. 그러나 그 고통의 끝에서 하늘의 제왕으로 복귀한다.

자기 삶이라는 무대를 연출하는 감독이 되자

현대 사회에서 셀프 리더십은 갈수록 중요해진다. 과거에는 사무실에 모여서 층층시하의 위계와 시스템 속에서 일을 해야만 했다. 혼자 처리할 수 있는 프로세스가 별로 없었기에 혼자 할 수 있는 역량을 키우지도 않았다. 그저 시스템에 적응하는 능력을 우선으로 내세웠다. 지금은 노트북이나 스마트폰을 들고 다니는 개인이 공간의 제약을 뛰어넘어 업무를 처리한다. 다른 협업 주체를 만나 수시로 결단을 내려야 한다. 매 순간 스스로 판단하고 실행해야 하는 업무 역량, 즉 셀프 리더십이 요구된다. 임파워먼트도 셀프 리더십과 깊은 연관이 있다. 임파워먼트의 목적은 시키는 대로 일하는 게 아니라 알아서 일하는 개인과 조직을 만드는 것이다.

지금 무의식적으로 내 삶의 무대에 올라가고 있는 '나'가 있다면 멈추고 질문한다. '지금 장면에 더 적합한 '나'는 누구일까?'를 생각하고 적합한 '나'를 의식적으로 선택하자. 더 이상 내 생각과 내 감정이 '나'가 아니다. 온전한 '나'는 다양한 '나'들을 활용하는 연출가다. 오랫동안 한두 명의 주연에 의존했던 무대 대신에 이제 새로운 무대를 연출해보자.

7

사실을 외면하는
편견을 버린다

"어떻게 그럴 수가 있나요? 귀국해서 자가 격리를 하는 동안 충분히 출장 보고서를 써서 보내줄 수 있는 것 아닌가요? 자가격리 기간을 휴가로 생각하고 놀고 있는 겁니다."

고 부장은 부하직원인 양 대리가 한 달간 베트남 출장을 다녀와서 일주일이 지났는데도 출장 보고서를 보내지 않는다고 열이 나있다. 양 대리는 지금 2주간 집에서 자가격리 중이다. 자기 말을 지지해달라는 눈빛을 보내는 고 부장에게 "정말 그럴까요?"라고 반응하자 그의 얼굴에 당황하는 표정이 역력하다.

코치 제 말이 당황스럽겠어요.

고 부장 네……. 꼭 그래야 하는 건 아니지만, 보고서는 출장을 다녀오면 바로 제출하는 게 기본 아닌가요?

코치 그렇게 생각하시면 답답하고 실망스럽겠네요. 일주일이 되도록 보고서를 보내지 않는 양 대리가 한심하게 보이기도 하고요. 그러지 마시고 양 대리에게 전화해서 상황이 어떤지 물어보는 건 어떨까요? 휴가처럼 생각하고 지내는 것이 사실인지 확인해보고 다시 판단하는 건 어떠세요?

여전히 고 부장은 '척 보면 알지 그걸 묻고 확인해야 아느냐.' 하는 떨떠름한 표정이다. 하지만 내 기준에서 합리적이고 당연하다고 믿는 것은 모두 판단이라고 할 수 있다.

인도의 영적 지도자 지두 크리스나무르티Jiddu Krishnamurti는 "관찰은 인간 최고의 지성이다."라고 말했다. 불교에서는 판단하는 마음이 괴로움과 고통의 시작이라고 한다. 사실과 판단을 구분할 수 있어야 한다. 판단은 나의 관점이기 때문에 사실이 아닐 수 있으며 무작정 다른 사람에게 강요할 수 없다. 판단하지 않고 있는 그대로 보는 것이 중요하다.

우리는 자신의 경험, 지식, 성격 등에 기초한 자기 관점으로 세상을 본다. 피할 수 없다. 오히려 나는 판단할 수밖에 없는 존재임을 받아들이고 자신과 타인의 관점을 의도적으로 고려하는 것이 현명하다. 같은 데이터라도 다른 분석과 결론을 내릴 수 있다. 남이 작성한 보고서를 읽을 때 사실과 작성자의 판단을 구분할 수 있어야 한다. 판단으로 전달된 '사실 같은 사실'을 믿는 잘못을 피하기 위해 다음과 같은 질문을 해보자.

- 내가 본 것은 사실인가, 사실이라고 판단하는 것인가?
- 내가 합리적이라고 판단하는 것은 누구에게나 합리적인가?
- 옳지 않아서 거부하는 것인가, 두려워서 거부하는 것인가?

타인에 대한 평가조차 제3자의 판단에 의존한다면 어떤 일이 벌어질까? 남들이 사실이라고 믿고 있는 '사실이 아닌 사실'을 나도 사실로 믿고 전달하는 경우엔 더 심각해진다. 가짜 뉴스의 폐해를 생각해보라. 삼인성호三人成虎라는 고사성어가 있다. 세 사람이 한목소리로 이야기하면 서울 시내에 없는 호랑이도 만들어낼 수 있다는 말이다. 무엇을 가지고 호랑이가 있다고 판단한 것인지 물어야 한다. 내가 안다고 믿는 것조차 내가 가진 지식과 경험에 기초한 판단일 수도 있다. 내가 보지 못하고 알지 못하는 부분이 있다는 점을 인정해야 한다.

일체화의 오류

회사에서 내 의견이 받아들여지지 않으면 자존심이 상하고 심하면 좌절감을 느낀다. 무시당했다는 불쾌감과 상대에 대해 적대적인 감정을 가질 수 있다. 그러나 사실은 상대가 내 의견에 동의하지 않은 것뿐이지 나를 무시한 것은 아니다. 내가 무시당했다고 생각하는 것뿐이다.

일체화의 오류는 자신의 생각, 말, 자동차, 아파트, 회사, 그리고 직급을 나라고 생각하는 오류를 말한다. 나의 의견을 나와 일체화하는 경우 에고ego가 된다. 에고는 도전을 받으면 본능적으로 방어하게 된다. 내 의견을 거부하거나 부족한 점을 지적하는 상대에게 섭섭하고 불쾌한 감정을 느낀다. 가만 있자니 억울해서 바로 변명하거나 공격적인 말로 자신을 보호한다. 상대방에게 그런 뜻이 아니었다는 해명을 들어도 감정이 풀리지 않고 관계가 서먹해진다. 나의 마음, 느낌, 생각을 나와 동일시하지 않아야 방어적으로 변하지 않는다.

직급을 자신과 또는 상대방과 일체화하는 것도 경계할 일이다. 직급이 높다고 의견의 가치가 함께 높아지는 것은 아니다. 지위와 그 사람의 아이디어를 일체화하는 오류를 경계해야 한다. 특히 회의할 때는 의견을 내는 사람의 직급이 내용보다 더 중요해서는 안 된다. 의견은 의견일 뿐이다. 자신이 속한 조직을 나라고 여기기도 한다. 회사가 잘나가면 자신이 잘나가고 능력 있다고 착각한다. 그 반대도 마찬가지다. 회사에서 중역이라고 해서 어디서나 중역은 아니다. 회사에 있을 때나 갑이지 회사 밖에서도 갑은 아니다.

이처럼 회사 또는 직급이나 직위가 '나' 자체는 아니다. 상사가 나를 질책했다면 결과나 행동에 대해 지적하고 개선을 요구한 것이다. 내 존재 자체를 문제 있다고 지적한 것은 아니다. 그러나 자존감이 낮거나 직급에 휘둘리는 사람은 '나는 이제 찍혔다.'라고 생각하고 자포자기한다. 일을 자신과 일체화하면 일이 잘못될 때 자신을 잘못된 사람으로 착각한다. 리더도 마찬가지다. 구성원의 행동을 지적할 수 있지만 존재가 잘못됐다고 지적해선 안 된다. 상대방을 존중하는 자세를 유지해야 한다. 잘못을 지적할 때는 사실에 근거하고 원하는 결과에 집중해야 한다. 그 사람의 존재를 자기 마음대로 판단하고 비난해선 안 된다.

일반화의 오류

일반화의 오류는 부분적인 경험이나 사실을 가지고 전체를 판단하는 오류로서 전형적인 꼬리표 붙이기다. 한두 번 겪은 경험으로 특정 국가, 민족, 지역, 개인에 대한 편견을 갖는다. 자신에게도 일반화의 오류를 범하기도 한다. 자신에게 부족하고 개선해야 할 부분이 있다고 해서 자신을 모든 일에 능력이 없는 사람으로 판단하기도 한다. 또 가급적 사람이 많이 모이는 자리를 피하고 싶은 자신을 소심한 사람으로 일반화한다. 그런 사람이 운동 경기를 할 때는 누구보다 적극적이고 과감한 모습을 보이기도 한다.

이번 주에 한 번 지각한 직원에게 책임감이 없는 사람이라고 꼬리표를 붙이는 것도 오류다. 지각한 것을 보고 마음이 불편할 수 있다. 그러나 상대를 책임감이 없는 사람이라고 단정할 수 없다. 그 직원은 누군가의 생명을 구하느라 지각했을 수도 있다. 구성원들은 가끔 "우리 회사에서는 안 돼요." "연구소는 늘 우리를 무시해요." "생산 본부에서 동의하지 않을 겁니다." "현장에서는 우리 입장을 이해하지 못해요. 시도하나 마나 뻔합니다."라고 말한다. 자기 경험에 비추어 짐작하고 새로운 시도를 하지 않는다.

누가 반대했다고 해서 조직 전체가 자기 의견을 거부한다고 판단하는 것 역시 오류다. 거부하는 상대도 자기 입장이 있다. 거부하는 상대는 나를 무리한 요구를 하는 사람으로 볼 수도 있다.왜 거부했는지를 알면 필요한 부분을 보완해 다른 결과를 만들 수 있다. 담당자의 권한 밖에 있다면 상사에게 다시 설명하면 될 일이다.

만약 뻔뻔한 사람이라는 꼬리표를 붙이고 미워하는 사람이 있는가?

그렇다면 자신이 특별한 상황에서 특정 행동을 하는 사람을 뻔뻔하게 여기는 것은 아닌지 돌아볼 일이다. 그런 뒤에 상대에게 불편한 마음을 전하고 조심스럽게 의도와 목적을 확인해보자. 좋은 의도로 한 행동이거나 단순한 실수였을 수도 있다. 이런 '확신의 덫'[12]이 천재들의 순수한 잠재력을 발견하는 것을 방해하고 무능한 사람으로 만든다.

하버드 교육대학원의 토드 로즈Todd Rose 교수는 저서 『평균의 종말』에서 평균값이라고 하는 허상적 이상의 틀과 인간을 비교하는 오류를 지적한다.[13] "평균적인 사람은 아무도 없다." 각 그룹이 아니라 개인에 관해 결정할 때는 개개인을 그대로 바라보고 존중할 것을 제안한다. 인간에게 무한한 잠재력이 있다는 사실을 믿는다면 일반화하는 시각이 어떻게 우리를 한정하는지 알게 될 것이다.

'나는 원래 그런 사람이야.' '항상 이렇게 살아왔어.' '수학에 약해.' '내성적이야.' '겁이 많아.' '매력이 없어.' '너무 평범해.' '차가워.' '권위주의적이야.' 하고 특정 모습을 자신의 전부라고 꼬리표를 붙인다. 스스로 자신의 한계를 정하지만 사실은 안전지대에서 벗어나는 두려움을 숨기고 싶거나 현재의 모습을 정당화하고 싶은 것일 수 있다. 남들이 나를 어떻게 보는 것을 염려하기보다 내가 나를 어떻게 보는지 스스로 질문해야 한다. '지금 변화를 거부하는 자신을 위로하며 합리화하고 있는가?' '성장을 원하는 나와 함께 무대 위로 올라가고 있는가?' 자신을 제대로 인식하고 과감하게 변화를 선택해야 한다.

자신이 인식하는 세상은 자기 마음을 통해 창조된다. 의존하는 마음과 새로운 시도를 가로막는 장애물을 제거해야 낡은 삶을 갈아엎고 새롭게 경작할 수 있다. 남을 인정하기 싫고 겸손한 척하는 내 안의 두려움, 치졸함, 질투심을 인정하고 받아들이자. 자신감 넘치고 호기심 많고 용기 있는 또 다른 나에게 손을 내밀자. 자기인식 센서를 모두 작동해 내면의 잠재력을 자극하자.

8

본질과 방편을
구분해서 살핀다

"뭣이 중헌디?"

나홍진 감독의 영화 「곡성」의 대사는 우리 삶의 현장에서 자주 떠올리게 되는 질문이다. 좁은 골목에서 두 차가 맞서서 버티고 있다고 가정하자. 누가 후진해야 하는지 서로 자기주장을 하느라 바쁘다. 중요한 것은 골목에서 빠르게 빠져나가는 것이다. 실랑이할 시간에 내 차를 뒤로 뺄 테니 후진을 도와달라고 부탁하면 상황이 어떻게 바뀔까?

건널목이 아닌 곳으로 길을 건너는 행위는 법규를 위반하는 것이다. 이 법규를 제정한 본질은 모든 사람의 안전을 지키기 위함이다. 만약 법규를 모르는 어린아이가 도로에 떨어진 공을 줍기 위해 뛰어들었다고 하자. 그럼 어떻게 할 것인가? 그것을 본 어른은 아이를 보호하기 위해 규칙을 무시하고 아이를 구해야 한다. 규칙을 지키는 것은 중요하지만 그 규칙을 만들어 이루고자 했던 가치, 즉 아이의 안전에 집중하는 것이 필요하다.

가치를 추구하는 것은 규칙과 함께 맥락과 사람을 고려하는 것이다. 이때 규칙은 방편이고 본질은 규칙을 통해 얻고자 하는 가치가 된다. 넷플릭스는 가장 빠르고 유연한 조직으로 알려졌는데 능률보다 혁신을 강조하며 가능한 한 통제를 자제한다. 그들은 개인의 역량을 최대로 발휘하는 것과 자유와 책임을 강조한다. 그래서 규정화된 규칙보다 사람과 환경을 고려한 맥락을 더 중요하게 여긴다. 이러한 본질과 방편의 구분을 조직문화로 삼았기 때문에 미디어 산업의 역사를 새롭게 써 내려가는 주역이 될 수 있었다.

본질적인 물음을 구분할 수 있어야 한다

정 부장의 목소리가 커졌다. 서비스 팀장을 뽑아야 한다고 벌써 몇 차례 건의했다. 그런데 임원들은 전혀 반응하지 않았다. 정 부장은 임원들이 자기를 무시한다고 생각했다. 결국 흥분한 나머지 "이런 회의를 왜 하는 거죠?" 하고 화를 냈다. 회의가 끝나고 나서도 화가 풀리지 않았다. 이런 회사에 미래가 있는지 회의가 들었다. 코치는 회의 내내 뒤에서 듣고 있다가 그에게 다가갔다.

코치 정 부장님, 서비스 문제로 고객들 불만이 많아 힘드시죠. 서비스 팀장을 뽑아주지 않는 회사가 이해되지 않고 답답하시겠어요.

정 부장 말도 마세요. 서비스 엔지니어들이 제대로 대응하지 못하고 있어요. 고객들이 영업 담당자인 저에게 전화해서 얼마나 불평을 하는지……. 심하면 욕까지 하고…….

코치   그렇다면 얼마나 속상하고 억울하겠어요. 마음도 급하고. 서비스 팀장이 없어서 부장님에게 서비스 문제로 전화가 오고 욕까지 먹는다니……. (잠시 기다렸다가 다시 대화를 이어서) 부장님이 서비스 팀장 충원을 통해 해결하고 싶은 것은 무엇인가요?

정 부장   그거야 당연히 지금 문제를 체계적으로 대응해서 고객 불만을 잠재우고 회사 신뢰도를 회복해서 매출에 기여하는 거죠.

코치   다른 임원들이 지금 원하는 것은 무엇일까요?

모두가 문제를 해결하고 싶을 것이다. 다만 해결 방법이 한 가지만 있는 것은 아니다. 코치는 서비스 팀장을 뽑는다고 근본적인 문제해결이 안 된다고 생각하는 임원들의 입장에 대해 생각하게 하고 다양한 해결 방안들을 더 탐색해보도록 조언했다. 각 해결 방안들이 가진 장점과 예상 문제점들을 함께 검토했다. 정 부장은 그것을 정리해서 다음 미팅 때 다시 논의하기로 하고 대화를 마쳤다.

우리는 종종 원하는 목표가 달라서가 아니라 목표를 이루는 방법과 수단 때문에 싸운다. 내 방법만 옳다고 생각하고 상대 의견을 거부하며 싸운다. 문제를 해결하기 위해 다음과 같이 본질적인 질문을 해야 한다.

- 똑같이 회사의 실적을 위해서 일하면서 소모적으로 자기 방법만이

옳다고 싸우고 있지 않은가? 목표의 본질을 논의하는가?

* 그것은 조직을 위한 것인가, 자신을 위한 것인가?

처음에는 발을 밟은 것 때문에 시작된 시비가 나중에는 감정 다툼으로 변한다. 문제해결이 아니라 자존심을 위한 싸움을 할 때가 많다. 서로 원하는 것이 같다면 추진하는 방법은 다를 수도 있고 필요하면 조정할 수도 있다. 방법의 차이로 싸울 이유는 없지 않은가? 서로 의견이 다르면 먼저 원하는 목표를 명확하게 정렬하자. 본질이 아닌 방편으로 감정을 낭비하지 말자. 자기 의견과 생각에 매몰되는 순간 더 중요한 것을 잊어버린다.

자기인식 능력은 본질에 집중하게 한다

외국인들과 회의할 때 부하직원들이 질문을 하지 않아서 답답하다고 하자. 영어 교육을 강화한다면 질문을 잘하게 될까? 그렇지 않다. 더 본질적인 문제를 찾아야 한다. 영어보다 생각하는 능력이나 관습이나 심리적 안전감이 근본적인 문제일 수 있기 때문이다. 폭력적인 언어를 사용하는 팀장에게 비폭력 대화법을 교육하면 표현 방법을 개선할 수 있을지 모른다. 하지만 여전히 구성원들과 갈등하고 할 말을 못해 답답해할 수도 있다. 구성원들을 바라보는 시각을 바꾸고 이해할 수 있게 하는 것이 본질이다. 문제를 바라보는 관점을 바꾸어야 한다. 겉으로 드러난 문제보다 본질을 찾아 해결할 역량에 집중해야 한다. 방편보다 본질에 다가가야 한다.

축구 선수 손흥민은 최고의 스타플레이어가 되기 위해 체력 보강과 개인 기술 향상을 위해 끊임없이 노력한다. 하지만 경기 중에는 팀의 승리를 위해 자신이 어떤 역할을 해야 할지에 집중한다. 결정적인 순간에 골 욕심을 부리지 않고 동료에게 볼을 양보해 팀 승리에 기여한다. 경기장에서 그의 목표는 팀의 승리이지 자기 기량을 뽐내는 것이 아니다. 손흥민 선수는 자기인식을 분명하게 하면서 승리라는 경기의 본질에 집중한다. 자기인식 능력은 본질에 집중하도록 돕는다. 당신은 지금 일이 좋아서 하는가, 아니면 사람들의 관심과 인정 때문에 하는가? 방편은 항상 우리를 현혹한다. 권위를 가지는 것과 권위 있는 자리에 앉는 것은 엄연히 다른 것이다. 본질에 집중할 때 방편은 따라온다.

자기 주도적인 조직에서는 직급에 상관없이 누구든 문제를 제기하고 스스로 리더가 된다. 상사가 문제를 해결해주기를 무작정 기다리지 않는다. 리더십을 발휘하는 것과 리더의 직급에 앉기 위해 노력하는 것은 다르다.

수평적 소통, 애자일 조직, 성과관리 시스템, 세련된 사무 공간, 인센티브 제도 역시 '조직의 성과'라는 본질을 달성하기 위한 방편이다. 이 책에서 이야기하는 모든 것도 결국 변화하는 세상에서 지속 가능하고 탁월한 '조직의 성과'라는 본질을 위한 것이다. 지금 본질이 아니라 방편에 집중하는 것은 아닌지 질문해야 한다.

4장

관계의 힘

갈등 관계를
신뢰 관계로 바꾼다

1

관계를 통해
일터를 일터답게 바꾼다

"잠깐 시간 괜찮으세요?"

함 과장이 상기된 얼굴로 찾아왔다. 하던 업무를 멈추고 웃으며 반갑게 맞이했다.

코치   그럼요! 함 차장이 찾아오면 즐거운 걸요. 그런데 오늘은 얼굴이 좀 어두워 보이는데요. 무슨 일 있나요?

함 차장 저희 팀장님이 제게 왜 그러시는지 답답합니다. 최근 들어 사사건건 트집을 잡으세요. 제가 매주 이메일로 주간 보고를 드리는데 어제는 갑자기 매일 업무일지를 써서 제출하라고 지시하셨어요. 제가 이 상황을 어떻게 판단해야 할지 모르겠어요. 회사를 그만두고 나가라는 메시지가 아닌가 고민하다가 어제는 잠도 제대로 못 잤습니다.

코치 그래요? 그랬다면 답답하고 걱정되겠네요. 회사를 그만두
어야 하나 고민까지 하며 잠도 제대로 못 잤다면 정말 힘들
었겠어요. 좀 더 자세히 말해줄 수 있겠어요?

함 차장은 근무 시간에 자기 업무만 다 처리하기도 힘든 상황이다.
그런데 얼마 전 새로운 업무를 지시하는 팀장과 대립했고 지금은 관
계가 서먹해지고 말았다. 그 이후로 자신이 소위 찍혔고 의도적으로
갈굼을 당하고 있다고 판단하고 있다.

코치 함 차장 입장에서는 어떤 상태가 바람직하겠어요?
함 차장 제 업무가 아닌데 잔업까지 해가며 할 이유가 없으니까요.
그 일이 잠깐 틈내서 할 수 있는 일이 아니에요. 시작하면 혼
자서 적어도 며칠은 집중해야 하거든요. 사람을 뽑든지 다
른 팀에게 넘겨야지 그걸 왜 제가 떠맡아야 하나요? 지금 할
일만으로도 정말 바쁘거든요.
코치 함 차장은 일을 제대로 해결하고 싶고 책임감이 강하니 팀
장이 이해가 안 되고 섭섭했겠네요.
함 차장 그 후로 제 업무를 세세하게 간섭하고 지적하는 게 느껴져
요. 이런 상태로 팀장님과 함께 계속 일할 수 있을까 하는 의
문이 듭니다.
코치 많이 힘들었겠어요. 혹시 괜찮다면 제안을 하나 하려고 하
는데 괜찮겠어요?
함 차장 그럼요. 코치님과 대화하면 뭔가 정리가 돼 이번에도 기대

됩니다.

코치 그렇다면 나도 용기를 내서 좀 불편할 수도 있는 요청을 할게요. 힘든 상황을 해결하고 싶은 함 차장 마음이 크게 느껴지네요. 나를 찾아온 걸 보면 용기가 있는 사람이고요. 이 상황에서 함 차장이 느끼는 감정과 팀장이 느낄 감정을 찾아보려고 하는데 괜찮을까요?

함 차장 감정이요?

감정 카드가 들어 있는 상자를 함 차장에게 건네고 지금 느끼고 있는 자기감정을 표현한 카드를 골라보게 했다. '섭섭한' '짜증 나는' '두려운' '막막한' '아쉬운' '괴로운' '비참한' '답답한' 카드를 골라 책상에 올려놓았다.

함 차장 생각보다 감정이 여러 가지네요.

코치 어떤가요, 지금 보니?

함 차장 막상 감정을 고르고 나니까 조금 진정되네요. 공감받는 느낌도 들고 코치님과 대화를 해서 그런 건지 모르겠어요. 조금 후회스럽고 걱정되기도 해요.

코치 ('후회스러운'과 '겁나는' 두 장의 카드를 책상에 놓으며) 그렇군요. 그 감정에 대해 좀 더 설명해주겠어요? (함 차장의 설명을 듣고 난 후) 이제 팀장님은 어떤 느낌이었을지 골라보겠어요?

함 차장 팀장님 감정까지요?

함 차장은 고민하는 표정을 지으며 천천히 '당혹스러운' '불편한' '짜증 나는' '열 받는' '실망한' '무안한' 카드를 하나씩 꺼내 놓는다.

코치 '당혹스러운'이란 카드에 대해 좀 설명해주겠어요? (함 차장이 설명한다.) 팀장은 함 차장이라면 충분히 감당할 것으로 판단했는데 거절했으니 섭섭했을 거예요. 정말 자기가 모르는 업무가 더 있는지 궁금하기도 했을 것 같고요. ('서운한'과 '궁금한' 카드를 찾아 책상에 올려놓고) 그리고 팀장으로서 안타까울 수도 있을 것 같아요. ('안타까운' 카드도 꺼낸다.)

함 차장 안타까움이요?

관계가 좋으면 절반은 성공한 것이다

함 차장은 무시하고 지냈던 자기감정은 물론이고 같은 상황에서 다르게 느꼈을 팀장의 감정까지 돌아보았다. 그러면서 감정에 깔린 팀장의 욕구를 함께 탐구했다. 당혹스러움에 대한 욕구와 안타까움에 대한 욕구는 차이가 있었다. 두 사람 모두 상대에게 존중받기를 원했다. 하지만 두 사람이 서로 자신을 존중하지 않는 상대에게 실망하고 불쾌함을 느끼고 있다는 것을 알게 됐다. 문제는 그 감정을 서로 솔직하게 표현하고 해결하려고 노력하기보다 업무 현장에서 행동으로 표현하고 있었다.

함 차장은 회사의 가치인 성과와 고객 만족을 중요하게 여겨야 한다는 것을 알고 있다. 그러면서도 자기 업무 영역과 근무 시간 준수를 고집하며 자신을 속인 모습을 발견했다. 오늘 대화를 하면서 새롭게 인식하게 된 것을 팀장에게 이야기하고 자기 행동에 대해 사과하겠다고 말했다. 팀장과 함께 업무의 우선순위를 논의해 모두가 만족할 만한 방법을 찾는 노력을 하겠다고 약속하고 방을 나갔다.

"관계가 좋으면 이미 성공의 반은 보장된 것이다."라는 말이 있다. 그만큼 관계는 중요하다. 처음 보는 사람들과 쉽게 친해지고 회사에 모르는 사람이 없을 정도로 마당발인 동료는 어려운 일도 쉽게 처리한다. 낯가림이 심하고 새로운 관계를 맺는 데 시간이 걸리는 사람에겐 부러움의 대상이다. 물론 낯가림이 심한 사람은 일단 친해지면 깊고 오랜 관계를 유지하는 장점이 있다.

관계가 깨진 조직은 지옥이다

"이것 좀 해줄 수 있어요?"

평소에 좋은 관계에 있는 상사의 부탁은 신이 난다. 부담스러운 일거리가 아니라 성장의 기회로 받아들인다. 상사의 신뢰가 느껴져 잘하고 싶다. 똑같은 부탁이라도 약점을 찾아 지적하는 상사의 부탁은 짜증스럽다. 귀찮아서 떠넘기는 것 같다. 마지못해 억지로 하지만 꼬투리 잡히지 않을 정도만 노력한다.

관계가 좋지 않으면 부정적인 언행을 숨길 수 없다. 회의 시간에 싫어하는 동료의 의견에는 무표정으로 관심 없다는 반응을 한다. 의도적으로 눈길도 주지 않는다. 짐짓 목소리나 몸짓으로 무시하는 의사를 표현한다. 좋은 의견이라도 인정하지 않고 말꼬리를 잡고 허점을 찾아 방해한다. 이런 행위는 당장의 감정 표출에는 도움이 될지 몰라도 궁극적으로는 자신과 조직 모두에 해를 끼치게 된다. 신뢰하는 관계를 구축하기보다 오히려 파괴한다.

같은 목적을 위해 일하는 동료들, 리더와 구성원, 조직과 조직이 서로 이해하고 존중하기보다 비난, 대립, 조직 간 사일로silo,* 함정 파기, 사내 정치, 암투가 난무하는 조직은 더 이상 일터가 아니다. 관계가 깨진 조직은 지옥이다. 지옥은 하루라도 빨리 탈출하고 싶은 곳일 뿐이다. 관계는커녕 나의 발전을 가로막는 온갖 장애물만 눈에 띈다. 변화도 혁신도 기대할 수 없다. 지옥에서는 자기 주도적 변화가 힘을 잃을 수밖에 없다.

---

* 외부 또는 다른 내부 시스템이나 조직과의 정보 교환 부족 또는 이러한 상황을 일컫는다. 사일로 효과는 회사 내 조직 구성원들 간의 대화와 상호작용을 제한함으로써 생산성 저하를 가져온다.

2

회복 탄력성을 키워
긍정의 관계를 만든다

똑같은 말인데도 관계가 어떤지에 따라 피와 살이 되기도 하고 비난이 되기도 한다. 같은 질문이 누구에게는 문제를 풀어갈 단초가 되기도 하고 누구에게는 숨 막히는 질책으로 들린다. 예의 없어 보이는 행동이 누구에게는 친근감의 표시일 수도 있다. 업무가 힘들어도 동료애를 느끼며 마음을 터놓을 동료가 있으면 버틸 수 있다. 상사의 칭찬과 인정 한마디로 다시 힘을 낼 수 있다. 관계가 나쁜 조직은 사소한 일에도 사사건건 의견이 충돌한다. 갈등하는 사람과 함께 있으면 스트레스를 받으니 시너지는 아예 기대할 수 없다.

관계가 틀어지면 실천 에너지도 잃어버린다
아무리 좋은 전략이라도 그것을 진심으로 수용하느냐 마느냐는 관계가 좌우한다. 주인으로 인정하고 리더로 인정해도 관계가 나쁘면 의도를 의심받고 효과가 떨어진다. 제2차 세계대전 때 독일군은 전쟁 초기에 주도권을 확실히 쥐고 승승장구했다. 효율적인 조직과 탁월한 전략으로 연합군을 패전의 구렁텅이로 몰아넣었다. 그러나 독재자 히틀러는 군을 자기 마음대로 휘둘렀다. 주위에서 전문적인 식견과 전략을 내놓아도 자기 고집을 포기하지 않았다. 그는 유럽에서 연이어 승리를 했을 때 소련을 넘보고 있었다.

그는 소련 침공을 반대하는 군부를 밀어붙였고 무리하게 스탈린그라드 점령에 집착했다. 그러면서 군부의 전략에 대해서는 끊임없는 의심을 내비쳤다. 오랜 경험과 전문성을 갖춘 독일군의 군부와 히틀러의 관계는 처음부터 긴장과 불신이 감돌았다. 군부는 하사관 출신의 그를 내심 경멸했다. 그는 귀족 위주의 군부가 특권의식에 사로잡힌 구시대적 집단이라고 무시했다. 이 관계의 종말은 독일의 패전으로 이어졌다. 아무리 전략이 뛰어나도 상처 입은 관계는 실행을 방해하고 변화에 저항한다. 관계는 조직의 성과에 결정적인 영향을 끼친다.

물리학에서 말하는 탄성 한계가 조직에서는 관계의 힘이다. 탄성한계 안에서 물체는 외부 힘에 의해 모양이 뒤틀려 있다가도 힘을 제거하면 원래 모양으로 바로 복원된다. 외부의 힘을 없애도 본래 상태를 회복하지 못하는 변형을 소성 변형塑性變形이라고 한다. 여기서 더 힘을 가하면 물체는 부서진다. 탄성 한계에 따라 변형되지 않고 원래 모습으로 돌아올 수 있는 탄성 영역이 결정된다.

조직에서도 갈등이 커지면 스트레스가 증가한다. 관계가 좋으면 쉽게 오해가 풀리고 문제도 가볍게 넘어간다. 예전 관계로 쉽게 복원된

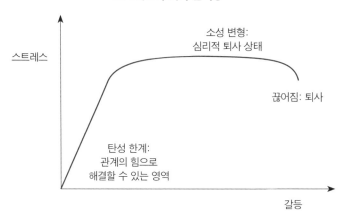

스트레스와 회복 탄력성

스트레스

소성 변형:
심리적 퇴사 상태

끊어짐: 퇴사

탄성 한계:
관계의 힘으로
해결할 수 있는 영역

갈등

다. 회복 탄력성이 발휘돼 긍정적 관계로 복원이 가능해지는 것이다. 그러나 관계가 나쁘면 사소한 일도 큰 오해가 되고 작은 비난에도 회복할 수 없는 상태가 된다. 탄성 영역을 벗어나 예전의 좋은 관계로 회복할 수 없는 소성 변형 상태가 되면 그 순간부터 지옥문이 열린다. 기회를 잡아 회사를 떠나기 전까지 마음속으로 업무 파업 상태인 심리적 이직 상태에 놓이는 것이다.

회복 탄력성을 위한 대인관계 능력을 키우자

회복 탄력성을 키우려면 공감과 소통 능력이 있어야 한다. 관계는 나의 감정과 생각을 내세우기보다 타인의 심리를 파악해 이해하고 공감하는 것으로 맺어진다. 타인에 대한 공감과 소통 능력은 나의 존재감을 확장해 상대방에게 각인하는 효과다. 사람들의 상태와 마음을 미리 헤아리니 갈등 발생의 여지도 줄일 수 있다. 갈등이 발생했을 때

강한 회복 탄력성을 발휘할 수 있다. 공감과 소통 능력이 뛰어난 사람은 코칭과 리더십에도 강점을 가지고 사람들과 관계를 맺는다. 주위를 보살피며 공동의 목적 달성을 위해 각자의 능력을 온전히 발휘할 기반을 마련해준다. 건강한 관계의 힘은 갈등을 극복하고 변화에 에너지를 더하는 경쟁력이라고 할 수 있다.

3

외로운 리더는
관계를 맺는 용기가 없다

휴가에서 돌아온 김 대리는 한층 활기차고 편해진 모습으로 출근했다. 커피 한잔을 마시러 휴게실을 들렀다. 마침 동료들이 커피를 마시며 담소를 나누고 있다.

최 대리 김 대리, 휴가 잘 다녀왔어요? 휴가 기간에 뭐 했어요?

김 대리 잘 놀다 왔죠. 가족과 제주도에서 모처럼 쉬면서 즐겁게 보냈어요.

최 대리 아, 그래요? 나도 봄에 갔다 왔어요. 애월에 있는 ×× 카페가 너무 좋던데 가봤어요?

정 과장 (불쑥 끼어들어) 아 거기, 나는 몇 번 가봤어요. 그런데 거기 말고 서귀포에 새로 생긴 ○○가 훨씬 전망이 좋아요. 이번에는 제주도 말고 강릉 쪽으로 가려고 해요."

박 과장 (머쓱해하는 김 대리를 보며) 김 대리, 표정이 훨씬 편해졌네요. 가족들이 좋아했겠다. 어떤 재미난 일이 있었어요?

김 대리 표정이 다시 밝아졌다. 박 과장을 쳐다보며 대화를 이어나갔다. 다른 동료들은 김 대리의 대답을 무시하고 자기 자랑을 하기 바빴다. 그런데 박 과장은 김 대리 대답에 반응하며 감정을 알아주었다. 김 대리는 박 과장에게 왠지 모르게 따뜻한 감정을 느꼈다.

공감과 신뢰는 소소한 행위에서 쌓인다

조직에서 팀워크가 중요하다는 것은 누구나 잘 안다. 그동안 업무가 바빠서 만나지 못했던 동료들과 가깝게 몸을 부딪치고 함께 식사하고 서로 속마음을 터놓으며 알아가는 시간은 매우 중요하다. 그러나 상대의 이야기를 흘려 듣고 자기 이야기만 하려고 한다면 회식을 하고 워크숍을 해도 조직이 기대하는 성과를 얻기는 어렵다. 팀워크를 위해 단체 활동을 해도 평소 관계가 소원하거나 처음 보는 다른 부서 구성원들과는 여전히 어색하다. 겉도는 말을 할뿐 마음은 닫혀 있고 관계는 평행선을 유지한다. 결국 평소 좋은 관계에 있던 동료들과 좋은 관계를 확인하는 행사가 되고 만다.

리더는 늘 많은 사람을 만난다. 하지만 업무를 위한 만남, 지위와 신분을 확인하는 만남으로 바쁘다면 많은 사람 속에서 외로움을 느낀다. 조직의 미래를 걱정하고 사안을 면밀하게 검토하지만 상황이 바뀌어 결정을 바꿔야 할 때도 있다. 그걸 이해하지 않고 구성원들이 자신을 의심 많고 변덕이 심한 사람으로 생각하는 것이 섭섭하다. 리더가 외로운 이유는 혼자 있는 시간 때문이 아니다. 많은 관계 속에서도 내 심정을 알아주고 정서적으로 지지해줄 사람이 곁에 없기 때문이다. 업무 중심 대화가 늘면서 문제해결을 위한 만남만 늘어나고 속마음을 나누는 연결은 사라진 것이다.

외로운 리더는 외로운 관계를 스스로 만들고 있다는 사실을 인지하지 못한다. 조금 지나면 나아질 것이라 위로하며 참고 있다. 하지만 관계가 건강한 리더는 오히려 혼자 있는 시간을 즐기고 또 의도적으로 만든다. 그 시간은 스스로를 성찰하는 좋은 기회다. 연결의 관계를 위한 충전의 시간이기도 하다. 외로운 리더는 어쩌면 용기가 없다는 것을 고백하는 것일지도 모른다. 용기가 있는 리더는 구성원들과의 관계에서 비난이나 부정적인 반응 때문에 입은 상처를 리더라는 이유로 꼭꼭 숨겨 놓지만은 않는다. 오히려 그 상처를 드러내고 구성원들의 공감과 신뢰를 얻는다.

일상에서 벌어지는 수많은 갈등에서 겪는 상처를 사소한 것이라 외면하다가는 복구할 수 없는 지경에 이를 수도 있다. 한낱 실금에 지나지 않던 균열이 급기야 댐을 무너뜨린다.

관계는 존재와 존재의 연결이다

과거에는 니콜로 마키아벨리Niccolò Machiavelli의 『군주론』에 나오는 카리스마 있는 리더가 주목받았다. 잔인하다는 평판이나 인색하다는 말에 개의치 않고, 약속을 꼭 지킬 필요 없고, 목적을 위해서라면 악행이나 거짓도 서슴지 않아야 하고, 두려운 존재로 각인돼야 한다. 그것이 리더가 견지해야 할 자세였다. 아직도 이러한 모습을 따라 하는 리더가 있다. 이런 리더가 원하는 관계는 주종 관계에 가깝다. 주군과 신하의 관계는 단기적 목적 달성에는 유효할지 모르나 장기적이고 안정적인 목적 추구와 조직 운영에는 도움이 안 된다.

코칭 리더십은 연결된 관계를 기반으로 한다. 관계는 존재being와 존재의 연결이다. 그러나 많은 경우 존재가 아니라 대상object으로 만난다. 쓸모를 따지며 유불리를 판단하고 인격을 고려하지 않는 만남이나 필요할 때만 찾는 만남을 연결된 관계라고 말하지 않는다. 리더가 구성원을 자기와 똑같은 인격체로 만날 때 관계가 연결된다. 연결된 관계일 때 구성원은 안전하게 자신을 드러낼 수 있다. 자신이 선택한 행동을 주도적으로 추진할 수 있게 된다.

4

연결의 대화로
건강한 관계를 유지한다

연결은 대화에서 시작한다. 연결의 대화는 내가 하고 싶은 이야기보다 먼저 상대의 말을 경청하고 감정을 알아주는 대화다. 말하지 않은 것을 듣고 숨은 의도, 욕구, 상대의 가치관과 남몰래 기울인 노력을 알기 위해 상대에게 집중한다. 연결의 대화는 마음과 마음을 연결한다. 연결된 관계는 물리적 거리나 시간이 중요하지 않다. 짧게 만나도, 몸이 멀리 떨어져 있어도 마음으로 함께한다.

오랜 시간 한 공간에서 근무했다고 해서 연결됐다고 할 수 없다. 상대는 없고 나만 있는 대화를 한다면 팀워크가 위태로워진다. 언택트 시대에 연결의 대화는 더욱 필요하다. 전화나 영상 통화로 대화할 때는 직접 만나서 대화하는 것보다 더 상대에게 집중해서 들어야 한다. 상대의 표정과 몸짓과 목소리를 더 섬세하게 느끼고 귀를 기울이고 주목해야 대화가 이어지고 관계가 연결된다.

의견이 달라도 존중하고 신뢰하자

- 당신 생각을 이해할 수 있어요. 답답하겠어요.
- 그것을 중요하게 여기는 분이군요. 그렇다면 서운했겠네요.
- 열심히 하셨네요. 당신 의견을 100퍼센트 동의할 수는 없지만, 왜 그런 의견을 갖게 됐는지 궁금합니다. 설명해줄 수 있을까요?

연결된 관계에서는 서로 의견이 달라도 상대를 존중하고 신뢰한다. 조직에서 개인이 쓰고 있는 가면도 개인의 특성을 반영한다. 하지만 다양한 개인의 모습을 온전하게 드러내지는 못한다. 상대를 신뢰하면 더 이상 가면이 필요 없다. 자신의 다양한 모습을 투명하게 드러내고 서로 존중하며 깊은 신뢰로 연결된다. 불필요한 갈등과 오해를 줄여 생산성을 높일 뿐만 아니라 오해와 갈등도 치유한다. 연결된 관계는 조직을 건강하게 유지하는 면역력이다.

다음의 대화는 주관적 판단으로 소통이 끊어지고 신뢰마저 상실되는 경우를 보여준다. 회의 도중에 핸드폰을 힐끔 쳐다보는 구 과장이 권 팀장의 눈에 걸려든 상황이다.

권 팀장 구 과장, 지금 나 무시하는 거예요?
구 과장 아닙니다. 고객에게 긴급하게 연락 올 것이 있어서요. 좀 신경 쓰여서 그만.
권 팀장 변명하지 마세요. 구 과장은 늘 그런 식으로…….
구 과장 죄송합니다. 팀장님. 그런 뜻은 아니었어요.

권 팀장 이것 봐! 죄송하면 잘못했다고 하면 되지 늘 변명이나 하고 말이에요. 도대체 사람이 믿을 수 없다니까.

물론 요즘 이렇게까지 구성원을 몰아붙이는 리더는 없을 것이다. 회의 도중에 핸드폰을 본 것은 사실이다. 하지만 그 행동이 자신을 무시했다고 생각하고 상대를 믿을 수 없는 사람이라고 여기는 것은 개인의 판단일 뿐이다. 그 행동이 신경 쓰이면 불편하다고 말하고 이유를 물어볼 수 있다. 그런데도 미리 판단부터 하면 그다음 말이 제대로 들리지 않는다. 격한 감정으로 상대의 인격을 공격하는 말을 쏟아내는 순간 관계는 멀어진다.

상대를 변화시키려면 상대를 존중해야 한다. 우리는 보통 자기가 듣고 싶은 것만 듣거나 자기가 듣고 싶은 대로 듣는다. 그리고 판단하고 충고한다. 자기가 말할 때는 자기 주장만 이야기하고 상대가 말할 때는 듣지 않고 자기 할 말을 준비한다. 판단은 상대의 존재를 만나는 것을 방해하고 문제에 머물게 한다. 상대에게 필요한 것은 당신의 충고나 해결책이 아니라 당신의 인정과 관심이다.

서 팀장 나는 팀원들과 나이 차이가 크게 나서 대화가 잘 안 돼요. 팀원들과 관심사도 다르고 쓰는 말도 잘 못 알아듣겠어요. 그래도 세대 차이를 극복하고 친해지고 싶은데 정작 팀원들은 날 멀리하는 것 같아요. 자기들끼리는 웃으며 이야기하면서 내가 가면 멈춘다니까요.

양 팀장 노력할 필요 없어요. 무시하고 지내요. 요즘 팀원들이 우리가 노력한다고 달라지지 않아요.

정 팀장 내가 그럴 줄 알았어요. 평소에 노력 좀 하라고 이야기했잖아요. 요즘 신세대 단어 모음집 보내줄게요. 읽고 공부 좀 해요.

고 팀장 그렇게 수동적인 태도로 하면 팀장이 권위가 없어요. 불러놓고 한마디 해요.

조 팀장 팀원들과 세대 차이를 극복하고 친해지고 싶은데 정작 팀원들은 자기들끼리 대화하고 서 팀장을 끼워주지 않는다는 말이네요. 그렇게 생각했다면 속상하겠네요.

위의 대화[1]에서 세 팀장의 말은 판단에서 나온 충고와 조언과 비난이다. 물론 서 팀장을 위해서 해준 말이라고 생각한다. 그러나 이런 말들은 연결의 대화가 아니다. 조 팀장처럼 서 팀장의 말을 그대로 판단 없이 들어주고 공감하는 것이 연결의 시작이다. 내 기준으로 상대를 판단하는 것은 상호존중이 아니다. 상대가 요청하지 않은 조언과 충고는 무례함이고 폭력이 될 수 있다.

누구나 자신을 존중하고 인정하는 사람 말에 더 귀를 기울인다. 상대는 내 마음대로 바꿀 수 없다. 상대가 내 말에 귀 기울이고 싶은 마음이 생길 때 비로소 내 말에 집중하고 변화를 받아들일 여유가 생긴다. 해결책을 제안하지 않아도 스스로 자신을 돌아보고 해결책을 찾을 수 있다.

연결의 대화는 사람에게 집중한다

연결의 대화는 문제보다 먼저 사람에게 집중한다. 상대의 생각과 행동의 동기를 알기 위해 호기심을 갖고 접근한다. 상대의 말을 판단 없이 듣고 상대의 감정을 공감해 긴장 상태에서 벗어나 다양한 관점을 탐구할 수 있는 여유를 제공한다.

리더에게 상대의 감정을 알아주라는 말이 답답하게 들릴 수 있다. 이미 리더의 머릿속에는 해결 방법이 있다. 그런데 왜 감정을 알아주고 기다려야 한단 말인가? 리더는 늘 효율과 빠른 성과를 중요하게 여긴다. 그러다 보니 1분 1초가 아깝다. 그럼에도 문제를 풀어주는 해결사 역할에서 벗어나려면 구성원이 스스로 상황을 새롭게 인식하고 해결 방법을 찾을 수 있도록 기다려야 한다.

구성원이 스스로 성장하면 지금 문제는 더 이상 문제가 되지 않는다. 그러기까지 긴 시간이 필요하지 않다. 물론 기다려도 해결되지 않는다면 먼저 충고나 제안을 해도 되겠냐고 물어보자. 상대가 동의하면 그때 이야기할 수 있다. 그럴 때조차 "내 경험이지만" "당신 상황에 맞는지 모르겠지만" 이런 식의 전제를 깔고 상대가 판단하고 선택할 수 있는 여지를 남기는 것이 좋다.

동물은 자극을 받으면 바로 반응한다. 도망갈 것인가, 싸울 것인가를 본능적으로 판단한다. 사람도 그럴 때가 있다. 당신이 불쾌한 이메일을 받는다면 당장 반격하고 싶을 것이다. 그건 본능적인 반응이다. 도망가거나 싸우거나 하는 것처럼 자극에 무의식적으로 반응하는 기계가 되고 싶은가? 아니면 성숙한 대응을 하고 싶은가? 자극과 반응 사이의 공간이 바로 자기인식의 센서가 작동하는 공간이다. 이 공간에서 우리는 선택을 할 수 있다. 감정적인 행동을 하지 않고도 내 감정과 욕구를 표현하는 게 가능하다. 감정에 따라 좋아졌다 나빠졌다 하는 관계보다는 지속적인 관계를 유지하는 것이 도움이 된다면 어떤 선택을 해야 할까? 감정에 바로 '반응'하는 낮은 기어를 '대응'이라는 높은 기어로 바꾸어야 한다. 감정을 무조건 숨기기보다 솔직하게 표현하고 원하는 것을 요청한다면 건강한 관계를 유지할 수 있다.

‖연결의 대화를 도와주는 맞장구

연결의 대화는 의도적인 노력이 필요하다. 판단 없이 듣는 연습을 해야 한다. 판단은 노력하지 않아도 올라오는 본능적인 반응이다. 판단 없이 듣는 경청은 상대에 대한 존중이다.

격려와 응원도 잘못 표현하면 상하관계를 느낄 수 있다. "잘했네." "제법인데?"라는 맞장구 표현도 엄밀한 의미에서는 평가에 해당한다. 물론 이 표현조차 하지 않는 것보다는 낫다. 하지만 그보다는 "기쁘다!" "만족스럽다!" "놀랍다!"라는 중립적인 감정 표현으로 맞장구를 칠 수도 있다.

대화 중간중간 상대의 말을 경청하고 있음을 알려주기 위해 "아 그래?" "정말?" "이런!" "그랬구나." "헐, 어떡하니……." 하고 맞장구를 쳐준다. 만약 좋지 않은 소식이나 업무상 잘못을 알려주는 구성원이라면 상사로서 "괜찮아, 다시 잘해봐." 하고 위로와 응원을 하는 것도 필요하다. 그러나 그보다 더 중요한 것은 "힘들었겠다!" "걱정됐겠다!" "이런, 실망스러웠겠다!" 하고 상대의 감정을 먼저 알아주는 것이다. 공감을 받으면 상대는 다시 힘을 얻는다. 그동안 애썼지만 실패한 자신을 수용하고 새롭게 시도해볼 각오를 다진다.

맞장구를 방해하는 것은 판단하는 마음이다. 상대를 허용하고 맞장구칠 수 있는 힘은 진실을 올바르게 구분하는 데 달려 있다. 사실에 근거한 진실은 누구나 동의한다. 다툴 거리가 있다면 이미 진실이 아니다. 우리는 '진실이라 믿는 것'을 강요하거나 보호하려고 할 때 설득하고 논쟁을 한다. 진실은 설득할 필요가 없다.

진실은 때로 볼 수 없거나 믿을 수 없는 수준에 있다. 견지망월見指忘月이라고 정작 진리를 보지 못하고 진리를 가리키는 손가락을 보며 서로 자기 말이 맞는다고 다투는 것이다. 스스로 문을 열고 나와 다양한 관점과 방식이 있다는 것을 알아차리고 허용하는 힘이 관계를 지킬 수 있다. 내가 믿는 진실은 내가 만든 프레임이고 해석일 수 있다. 그것은 '진실 같은 진실' '사실 같은 사실'이다. 리더는 구성원이 말하는 진실 같은 진실을 듣고 나서 수용하지 못하더라도 허용할 수는 있어야 한다. 왜 그렇게 생각하는지 호기심으로 물어봐야 한다. 갈등이 생기면 상대도 옳다고 인정할 수 있어야 한다. 내가 옳다면 진실은 언젠가 드러나기 마련이다. 맞장구는 상대의 마음을 진실을 향해 열어준다.

5
|
감정 관리 능력이
관계의 힘을 결정한다

그동안 우리는 감정을 억누르고 숨겨야 하는 것으로 여겨왔다. 이성적이고 논리적인 사람을 능력 있고 똑똑한 사람으로 여겼다. 감정을 표현하면 나약하고 무능력한 사람으로 평가될까 두려워했다.

감정을 표현하지 않으려고 의식적으로 노력해도 올라오는 감정을 막을 수는 없다. 말로는 괜찮다고 말하지만 표정까지 숨길 수 없다. 감정은 숨긴다고 없어지지 않는다. 결국 어느 순간 표출된다. 그렇지 않으면 몸과 마음에 병이 생긴다. 감정을 느끼는 것은 문제가 아니다. 오히려 어떤 상황에서 화라는 감정을 느끼는 것은 자연스러울 수 있다. 문제는 자신이 화났다는 것을 남들에게 알아달라고 '격한 행동'으로 표현하는 것이다.

조직에서 불편한 감정을 제대로 표현하지 못하면 조직은 안전한 공간이 될 수 없다. 그것은 관계에서도 마찬가지다. 항상 좋은 말만 해야 하는 관계는 부담스럽고 겉도는 느낌이다. 그러나 우리는 불편한 감정을 어떻게 표현할지 제대로 배워본 적이 없다. 팀워크가 중요하다는 것을 알고 있는 구성원은 무작정 참으려 애를 쓴다. 자신에게 엄격하듯이 화를 내는 상대를 문제 있는 사람으로 여긴다. 그러나 감정은 내가 아니다. 슬픔을 느낀다고 내가 슬픈 사람은 아니다. 그러나 감정은 나의 것이다. 상대가 슬픔을 느끼는 나를 이해하지 못할 수는 있지만 내 슬픔을 비판할 수는 없다. 이처럼 감정은 내가 받아들이고 이해하고 자연스러운 것으로 허용하면 된다.

감정 관리를 잘하면 '나 사용법'이 정교해진다

세계적인 심리학자이며 『감성지능』의 저자인 대니얼 골먼Daniel Goleman은 기업 운영의 관건이자 발전을 이끄는 보이지 않는 손을 '감정 관리'라고 말한다. 똑같은 상황에도 사람마다 느끼는 감정이 다르다. 부여하는 의미에 따라 감정이 달라진다. 감정은 그 사람의 성격, 경험, 가치관 등 거의 모든 것을 담고 있다. 감정은 존재의 내면을 알려주는 신호등이다. 무의식을 그대로 드러내기에 그 사람을 나타내는 가장 정직하고 민감한 센서다. 감정에 닿는 순간 상대의 존재와 연결된다. 상대 안에 있는 나와 연결되는 것이다.

정혜신 박사는 "공감이 존재로 들어가는 문이라면 감정은 문고리이다. 감정을 통해서 존재를 만나게 된다."라고 말했다.[2] 감정을 통해 존재를 만난다는 것은 나의 재산, 학력, 지위, 직책 등 외부에서 규정한 '나'가 아니라 내면의 '나'를 만나는 것을 의미한다. 따라서 자신이 느끼는 감정에 둔감해서는 자신에 대해 제대로 안다고 말할 수 없다. 처음에 느낌을 물어보면 좋다, 나쁘다 정도로만 구분할 수 있다. 조금 섬세하게 표현하려고 노력해야 불편하다, 짜증 난다, 화난다, 기쁘다, 행복하다 등 몇 가지 단어를 추가하는 수준이다. 그만큼 우리는 감정을 존중하지 않고 살아왔다.

내면을 들여다보면 순간에 느껴지는 감정은 하나가 아니다. 여러 감정이 동시에 올라온다. 느껴지는 감정 밑에 숨어 있는 감정이 또 있다. 서로 모순적인 여러 감정이 동시에 올라오기도 한다. 순식간에 없어지기도 하고 오래 머물다가 없어지거나 잠시 사라졌다 다시 찾아오기도 한다. 이처럼 감정은 복잡하고 입체적이며 날씨처럼 변덕스럽기도 하다.

지금 어떤 감정을 느끼는지 정확하게 알면 표현할 수 있고 잘 다룰 수 있다. 잠시 하던 일을 멈추고 지금 자신이 느끼는 감정에 이름을 붙여 표현해보자. 마찬가지로 상대의 입장을 상상하며 그가 느낄 수 있는 감정을 열거해보자. 같은 긍정적인 감정이라도 상쾌한, 뿌듯한, 고마운, 가슴 뭉클한, 통쾌한, 다정한, 기쁜, 즐거운 등 세세하게 다르다는 것을 알 수 있다. 감정의 근원은 내면에 있는 욕구다. 욕구가 채워지지 않거나 채워질 수 없다고 생각하면 부정적인 감정이 생긴다. 감정을 섬세하게 구분하면 욕구도 섬세하고 명확해진다. 감정을 제대로 알 수 없다는 것은 내가 무엇을 원하고 중요하게 여기는지 모른다는 것이다. 감정은 자기인식 능력과 연결된다.

자기감정을 표현하는 훈련을 하다 보면 놀랍게도 내가 선택하는 습관적인 감정이 있다는 것을 알게 된다. 긍정적인 생각은 긍정적인 느낌을 일으키고 긍정적인 느낌은 다시 긍정적인 생각을 일으킨다. 의도적으로 다른 감정을 선택하려고 노력하면 '나 사용법'이 정교하고 성숙해진다.

인지적 공감 능력으로 감수성을 키우자

'정서적 공감 능력'은 타인의 감정을 민감하게 알아차리는 감수성과 결합한 능력이고 타고난다고 한다. 반면에 '인지적 공감 능력'은 배우고 훈련해야 갖출 수 있다. 상대에게 집중하고 환경과 맥락을 이해하려고 노력하면서 터득하게 되는 능력이다. 지금 우리에게 더 필요한 것은 인지적 공감 능력이다.

국민 엠시라는 호칭이 아깝지 않은 유재석은 인지적 공감 능력이 뛰어난 리더라고 할 수 있다. 그는 〈무한도전〉을 비롯해 수많은 예능 프로그램을 성공시켰는데 함께하는 출연자들을 띄우는 데 탁월하다. 호통 개그로 유명해진 박명수도 어쩌면 유재석의 공감 능력 덕분에 전성기를 맞았다고 할 수 있다. 둘이 콤비로 유명해지기 전이었다. 한 방송에서 박명수는 당시 인기를 얻기 시작했던 유재석을 질투해 애드리브로 한 방에 보내버리겠다고 호언장담했다. 그러나 그의 의도대로 되지 않자 발길질을 하고 만다. 순간 프로그램의 분위기가 싸늘해지고 둘 사이는 어색해질 뻔했다. 하지만 유재석은 오히려 분위기를 띄웠고 그이후로 둘은 명콤비로 인기를 얻었다. 오랜 무명 시절을 보낸 유재석은 박명수의 조급한 마음을 헤아릴 수 있었다. 왜 그런 행동을 했는지 맥락적으로 이해하고 받아들인 것이다.

리더는 감정을 섬세하고 구분해 알아차리는 감수성을 높여야 한다. 감수성이 높다는 것은 성능 좋은 나침반을 가진 것과 같다. 자기감정을 제대로 느낄 수 있는 감수성이 없다면 상대의 감정도 제대로 공감할 수 없다. 감정을 제대로 느끼지 못하면 관리할 수 없고 신뢰 관계를 구축할 수 없다. 감수성이 없다면 고장 난 센서를 달고 달리는 무인 자동차나 다름없다. 리더가 자기 말과 행동이 상대에게 어떤 감정을 만드는지 알지 못한다면 그 관계는 어떻게 될까? 그리고 리더가 함께 일하는 구성원의 욕구와 감정을 알아차리지 못한다면? 그는 아마도 구성원들의 지지를 받지 못할 것이다. 지지하는 구성원이 없다면 리더가 아니다. 외로운 관리자일 뿐이다.

6

간절함은
강력한 행동을 이끌어낸다

변화에 있어 인식의 전환은 필요조건이지만 충분조건은 아니다. 아무리 이성적으로 판단했고 이해했더라도 하고 싶은 마음이 들지 않으면 행동하지 않는다. 반대로 감정을 쫓아 너무나 쉽게 비합리적인 선택을 하게 된다. 결정과 판단을 행동으로 옮기기 위해서는 감정이라는 에너지가 필요하다. 하고 싶은 마음이 들어야 행동한다. 감정은 영어로 emotion(이모션)이다. '밖으로'라는 뜻의 ex와 '행동'이라는 뜻의 motion이 결합된 단어다. 감정은 외부의 행동을 일으키는 내면의 움직임이다.

변화의 욕구를 느낄 때 자기감정을 살펴야 한다. 이것이 간절함일 수도 있고 새로운 다짐과 미래에 대한 희망에서 오는 설렘, 흥분 또는 기쁨일 수도 있다. 욕구가 자리한 곳이 머리냐 가슴이냐에 따라 행동이 다르다. 내 감정의 에너지가 적다면 변화를 행동으로 옮길 확률이 낮다. 원하는 바를 말할 때 감정의 에너지를 느껴보자. 간절함이 느껴지는가?

숨은 근거를 찾아내 감정을 흔들자

개인 내면에 있는 내부 시스템에 변화를 만들지 않으면 표면에 드러난 행동을 교정하려는 의미 없는 시도를 되풀이하게 된다.[3] 인간의 잠재의식 속에서 암묵적 가정이라 불리는 '숨은 근거'를 찾아 직접 대면해 감정을 흔들어야 한다. 지금 이 상태의 느낌을 통해 자기 존재에게 허락을 구해야 한다.

임진왜란 때 이순신 장군이 거둔 명량해전의 위대한 승리는 예측하지 못한 성과였다. 전력의 비교나 당시 정세를 보더라도 조선 수군이 해전에 능숙한 왜군을 이긴다는 것은 확률적으로 거의 제로에 가까웠다. 이순신 장군은 치밀한 전략과 혜안으로 열세를 뒤집어 극적인 승리를 거두었다. 그런데 아무리 지휘관이 뛰어난 전략을 짜냈더라도 부하들이 싸울 의지가 없다면 이미 진 싸움이 되고 만다.

"살고자 하면 죽을 것이요, 죽고자 하면 살 것이다."

이순신 장군의 말 한마디는 조선 수군의 전투 의지를 들끓게 했다. 두렵겠지만 싸울 수밖에 없고 그 싸움은 반드시 이겨야만 한다는 것을 논리적으로 설명하지 않았다. 대신 부하들의 감정선을 건드렸다. 조선일보와 맥스무비의 설문조사에 따르면 영화 「명량」에서 관객들이 가장 인상 깊은 명대사로 이 말을 꼽았다.[4] 관객들도 감정 이입을 한 것이다.

가슴에서 나오는 내면의 대답을 끌어내자

리더는 상대가 새로운 행동을 하고 싶은 강한 욕구를 느낄 수 있도록 상대를 고무해 적극적인 변화를 끌어내야 하다. 상대가 "네.""알겠습니다.""고맙습니다."라고 대답했다고 행동할 것이라고 기대하지 않는다. 여전히 머리에 자리한 이성의 말이기 때문이다. 상대가 "그래, 맞아요.""바로 이거예요."라고 말한다면 오히려 행동으로 실행할 가능성이 크다. 가슴에서 나오는 내면의 대답이기 때문이다.

세계적인 전자 부품 기업 교세라의 창업자 이나모리 가즈오 회장은 간절함을 일의 동기로 삼는다. 그는 "왜 일하는가?"라는 질문을 절실하게 물어보면 답을 알 수 있다고 했다. "간절히 바라는 것을 찾고 몰두하면 그 마음이 하늘에 닿아 선물을 받는다." 자신이 원하는 게 무엇인지 스스로 간절히 물을 수 있을 때 내면에서 답이 나오게 된다. 당장 그 대답이 나오지 않더라도 묻고 또 물을 수 있어야 한다. 간절하다면 답이 나올 때까지 끊임없이 묻는 게 당연하다.

7

공감이 깊어지면
문제가 다르게 보인다

요즘 들어 부쩍 회의가 많아지고 사무실에서 큰소리가 자주 들려 이 이사를 찾아갔다.

코치 이 이사, 요즘 바쁜가 보네요.

이 이사 네 코치님, 정신없습니다.

코치 힘들겠네요. 내가 도와줄 것은 없을까요?

이 이사 말씀만이라도 감사합니다. 괜찮습니다.

코치 혹시, 요즘 자주 느끼는 감정은 뭔가요?

이 이사 예? 글쎄요, 뭘까요? (한참을 생각하더니) 코치님 말씀을 듣고 살펴보니 마음속에 답답하고 짜증이 느껴지네요. 특히 요즘 자주 느끼고 있습니다.

코치 답답하고 짜증이 느껴졌군요. 그런 자신을 보면 무엇이 떠오르세요?

이 이사 제가 진흙에 빠진 수레를 억지로 끌고 있는 모습이 떠오릅니다. 답답하네요. 제가 일일이 챙기지 않으면 업무가 제대로 처리되지 않아서 걱정입니다.

코치 그렇다면 걱정되고 답답하겠어요. 짜증 나고 힘들고. 그 이야기를 들으니 나도 걱정도 되고 애처롭네요. 이 이사, 혹시 지금같이 진흙에 빠진 수레를 억지로 끄는 일이 1년 이상 지속된다면 어떻게 될 것 같아요?

이 이사 끔찍합니다. 제가 지치고요. 막상 해야 하거나 하고 싶은 일에는 손도 못 대는 상황이 오겠죠.

코치 끔찍하군요. 알아서 해줬으면 좋겠는데 말이에요. 직접 일일이 챙기지 않으면 안 되니 얼마나 팀원들이 원망스럽고 답답하겠어요. 지금 진흙에 빠진 수레를 끌고 있는 자신에게 필요한 것은 무엇일까요?

이 이사 글쎄요. 누가 도와줬으면 좋겠어요. 함께 끌고 갈 수 있게…….

코치 혹시 이 이사가 없다면 누가 업무를 대신할 수 있을까요?

이 이사 후계자요?

코치 나는 이 이사가 앞으로 계속 성장하기를 바라기 때문에 지금 상황이 염려스러워요. 이 이사 생각은 어떤가요?

이 이사 요즘 스트레스 받는 상황이 힘들고 지쳐서 짜증도 나고 하다 보니 매사에 조급해졌습니다.

코치 잘하려고 긴장하고 애쓰는 모습이 든든합니다. 그런데 그 책임감이 너무 힘들지 않을까 걱정도 되고……. 혹시 지금 괜찮다면 내가 질문을 하나 더 해도 될까요?

이 이사 네 그럼요.

코치 이 이사가 시간에 여유가 있어 마음이 급하지 않다면 어떻게 다르게 해보겠나요?

이 이사는 질문에 대답하며 스스로 자신과 각 구성원의 관점을 살피고 놓치는 것은 없는지, 업무의 우선순위가 무엇인지 등을 하나씩 점검했다. 핵심 구성원들의 역량을 다시 평가해 발전 계획을 수립해보기로 하고 대화를 마쳤다.

리더는 행동의 에너지를 공급하는 조력자다

도움이 필요하냐고 물어도 상대가 바로 요청하지 않을 수 있고 스스로 해결하겠다며 자기감정을 억누를 수도 있다. 리더의 판단으로 충고한다고 해서 상대가 충고를 받아들일 것이라고 장담할 수도 없다. 상대가 스스로 필요한 해결책을 선택하도록 해야 한다. 감정을 물어보고 공감하며 대화를 시작하면 상대는 안전감을 느껴 자기 문제를 돌아보고 해결 방법을 스스로 찾는다. "논리적 대화는 정당성, 이유, 합리적인 방안을 찾아준다. 반면 공감을 포함하는 정서적 대화는 유쾌함이나 즐거움과 같은 긍정적 정서로 자발적 동기를 강화한다."[5] 리더는 논리적으로 대화하기도 하지만, 공감 능력을 바탕으로 정서적으로 대화를 할 수 있어야 하고 구성원이 주도적으로 행동할 수 있는 에너지를 공급하는 조력자가 돼야 한다.

정혜신 박사는 "공감은 다정한 시선으로 사람의 마음을 구석구석 찬찬히 환하게 볼 수 있을 때 닿을 수 있는 어떤 상태다."라고 말한다. 사람의 내면을 한 조각 한 조각 보다가 점차로 그 마음의 전체 모습이 보이면서 도달하는 깊은 이해의 단계가 공감이라고 정의했다.[6] 공감은 상대를 이해할수록 깊어지는 지속적인 상태다. 공감이 깊어지면 문제로 보였던 상대가 더 이상 문제로 느껴지지 않는다. 상대를 괜찮은 사람이며 문제를 해결할 능력이 있는 가능성의 존재로 만날 수 있게 된다.

공감 능력은 관계를 연결하는 튼튼한 다리다

공감을 받으면 상대는 안전감을 느끼고 방어적인 태도를 버리게 된다. 신뢰가 생기면 다양한 사고를 수용할 수 있다. 억울함과 분노 등으로 좁아진 시야에서 벗어나게 된다. 심지어 라이벌 관계에서도 공감 능력은 서로를 연결하는 다리가 된다. 현대 회화의 거장으로 손꼽히는 앙리 마티스Henri Matisse와 파블로 피카소Pablo Picasso는 당대의 라이벌로 유명하다. 두 사람은 모든 면에서 경쟁을 벌이고 우정 또한 쌓았다.

마티스는 피카소로부터 이익을 얻었다는 말을 한 적이 있고 피카소는 마티스의 화풍을 자기 그림에 가져다 쓰는 것을 즐겼다. 그들의 작품을 보면 서로 다른 개성을 뚜렷이 보이면서도 공통된 점이 엿보인다. 가령, 둘의 그림에는 여자가 자주 등장하고 색채도 후반부로 갈수록 더욱 강렬해지는 공통점이 나타난다. 평론가들은 두 사람이 서로 예술적인 모티프에서 닮아가는 경향이 있었다고 평가했다. 치열한 경쟁자이면서도 공감하는 관계였기 때문에 가능했던 일이다.

공감을 받은 사람은 남들의 말을 비판 없이 듣는다. 공감은 자신에게 필요한 해결 방법을 알아서 찾을 수 있게 한다. 문제를 지적하고 상대를 바꾸려고 충고, 조언, 훈계하는 것이 아니라 존재를 알아주는 공감만으로 상대는 필요한 처방을 스스로 찾아내고자 변화 의지와 주도성을 갖게 된다. 이것이 공감의 힘이다.

8

인정 칭찬이
임파워링의 시작이다

과장같이 일하는 상무가 있다. 대리처럼 일하는 부장이 있다. 리더 흉내를 내는 리더들이다. 그들은 구성원의 빈틈이 보여 일을 맡겨두면 잘못될 것 같아 불안하다. 빠르게 해결하고 싶은 욕구를 억제하지 못한다. 구성원의 성장보다 문제해결에 집중한다. 자기보다 능력이 부족하고 다루기 쉬운 사람을 뽑아서 시키는 일을 잘하도록 훈련한다. 자기보다 우수한 부하는 시기하고 깎아 내려서 수준 이하의 일만 시킨다.

리더가 구성원의 성장을 위한다면 먼저 자신을 돌아보아야 한다. 자기보다 능력 있는 직원을 뽑아서 고작 자기 수준 정도로 부려 먹지는 않는지, 지시한 방법대로 일하지 않는 구성원을 못마땅하게 여기지는 않는지 끊임없이 되물어본다. 회사와 구성원의 성장이 아니라 나의 실패를 걱정하는 것은 아닌지, 문제해결 능력을 뽐내고 내 업적으로 지키고 싶은 것은 아닌지 성찰해야 한다.

구성원의 문제를 성장의 기회로 삼자

리더는 문제해결사가 아니다. 리더가 사람을 키우지 못하면 문제에 함께 매몰된다. 구성원이 문제를 스스로 해결하고 싶은 동기와 그러려면 어떤 역량이 필요한지를 고민해야 한다. 구성원들이 매일 쌓이는 문제를 스스로 해결하고 또 더 고난도의 문제를 해결할수록 리더는 조직의 미래를 내다보는 업무에 집중할 수 있다. 그렇게 된다면 구성원의 역량 개발은 시간 낭비가 아니라 리더와 조직을 위해 가치 있는 일이 된다.

리더는 구성원을 자신을 능가하는 리더로 육성해야 한다. 구성원도 리더가 자신의 성장을 위하는 사람이라고 신뢰할 때 건강한 관계가 유지될 수 있다. 현대적인 코칭의 관점에서 보면 문신인 류성룡과 이순신 장군의 관계를 예로 들 수 있겠다. 류성룡은 늘 변방만 떠돌던 이순신을 조정에 천거했다. 또 임진왜란을 앞두고 전운이 감돌자 전라좌수사로 추천했다. 그 후 좌천당하거나 백의종군을 당할 때도 늘 그의 편이 돼주었고 또 힘을 실어주었다. 그 덕분에 이순신은 류성룡을 뛰어넘어 전쟁의 훌륭한 리더로 역사에 함께 기록되고 추앙받고 있다.

리더가 구성원이 주도적 역량을 키우는 것이 중요하다고 믿는다면 긴급하고 위험한 상황을 제외하고 실수나 실패를 성장의 기회로 삼도록 해야 한다. 구성원을 함께 일하고 싶은 리더로 육성하는 것이다. 그리고 조직의 성장을 방해하고 자원을 낭비하는 사람이 있다면 단호하게 제거해야 한다. 스타 플레이어도 필요하다. 하지만 조직의 성장에 방해가 된다면 과감히 버릴 줄도 알아야 한다.

인정 칭찬이야말로 가장 강력한 동기부여다

임파워링의 시작은 구성원에 대한 인정이다. 칭찬은 칭찬할 것이 있어야 한다. 하지만 인정은 마음먹으면 언제든지 할 수 있다. 결과가 기대에 미치지 못하더라도 상대의 노력, 숨은 의도, 추구하는 가치 등을 알아보는 것이 인정이다.

인정 능력은 의도적으로 주의를 기울여 적극적으로 찾아야 생기는 능력이다. 리더는 상대의 강점을 알아보고 겉으로 드러난 행동이나 결과를 칭찬하는 수준을 넘어 그것을 이루기 위한 노력, 열정, 됨됨이, 성품, 가치관 등 보이지 않는 것을 찾아서 인정하는 능력을 키워야 한다. 사람에 관심이 없으면 사람을 키우기 힘들다. 관심을 기울이고 자세히 보아야 그 사람의 참모습을 볼 수 있다. 이것이 인재를 알아보는 능력이다. 인정과 칭찬은 주도적 변화의 실행에 강력한 연료를 제공하고 숨어 있는 잠재력을 발휘하도록 고무한다.

칭찬할 것이 있어야 칭찬하고 인정하겠다는 것은 이미 평가다. 인정 칭찬을 상대방을 격려하고 지지하는 정도로 생각하거나 좋은 상사로 포장하는 기술 정도로 생각하는 것은 제대로 이해하지 못한 것이다. 과잉보호를 바라고 의미 없는 칭찬과 인정에 고마워하는 구성원은 없다. 반대로 "그걸 꼭 말로 해야 하나?"라며 구성원을 답답해하는 리더가 있다. 인정의 핵심은 진심으로 느끼고 발견한 것을 온전하게 상대에게 표현하는 것이다. 꽃을 사랑하면 꽃에 물을 주어야 한다.

"그럴 수 있겠다."라고 반응하며 상대를 그대로 받아들이는 것이 인정의 시작이다. 내 기준으로 부족하고 아쉬운 부분이 있다고 내 마음대로 바꾸려고 하는 것은 이미 상대를 무시하고 마음대로 할 수 있는 대상으로 여기는 것이다. 구체적으로 방법을 지시하지 않아도 "잘하고 있구나." "네가 잘해낼 것을 믿는다."라는 말로 구성원을 인정할 줄 아는 리더가 돼야 한다. 구성원의 말을 경청하면 말이 통하는 리더가 된다. 기분과 감정을 알아주면 배짱이 맞는 리더가 된다. 존재를 알아봐주면 사람을 볼 줄 아는 리더가 된다. 구성원은 자신을 '괜찮은 사람'으로 알아주는 리더에게 '괜찮은 사람'이 되기 위해 최선을 다한다. 누가 시켜서가 아니라 좋아서 한다.[7] 동료의 인정은 무형의 지분이다. 측정될 수는 없지만 강력한 동기를 부여하는 요인이다. 어쩌면 더 강한 효력을 발휘할 수 있다.[8] 동료와 함께 일할 때 자신이 이룰 수 있는 성과보다 더 큰 성과를 이루고 배울 수 있다. 또한 동료와의 강력한 파트너십은 사내 정치가 발을 디디지 못하도록 한다.

회의가 끝나기 전에 4~6명씩 그룹을 이루어 서로 감사할 일을 찾고 인정하고 칭찬하는 시간을 가져보자. 상대를 칭찬할 것을 찾는 마음은 겸손한 자신감과 동료에 대한 신뢰와 친밀도를 높인다. 감사는 상대에게도 선물이지만 자신에게도 큰 선물이 된다. 처음에는 어색해하며 마지못해 하던 직원들이 몇 번 해보고 나면 진지해지고 인정과 감사의 수준이 높아져가는 것을 느낄 수 있다.

회의에서 느낀 따뜻한 감정은 업무에 복귀해서도 그 에너지를 느낄 수 있다. 혹시 지금 이 글을 읽는 순간에 '뭘 그렇게까지?' 또는 '내가 어떻게?'라는 생각을 하고 있다면 그냥 눈 딱 감고 몇 번만 해보자. 분명 예상하지 못한 변화를 확인할 수 있을 것이다. 감사를 표현하는 것도 능력이고 감사할 것을 알아차리는 것도 능력이다. 상대를 자세히 보면 볼수록 인정하고 감사할 것이 무척 많다. 자기인식의 역량이 성장하면서 관계도 깊어진다.

인정 칭찬은 임파워링empowering의 시작이다. 임파워링은 단순히 내가 가진 업무와 권한을 나누는 것이 아니다. 구성원이 자기 효용성을 느끼고 일할 기회를 제공하는 것이다. 국내 최초로 국제 마스터 코치를 획득한 박창규 코치는 "임파워링은 그 사람의 독특한 씨앗에 담긴 잠재력, 그러니까 원래 내면에 잠재된 파워를 끄집어내 마음껏 성장하고 활짝 꽃피울 수 있도록 돕는 작업이다."라고 설명했다.⁹ 임파워링은 강력한 도전으로 자기 재능과 잠재력을 깨우고 창의적인 시도를 할 역량을 제공한다. 그런 점에서 코칭 리더십은 개인의 잠재력을 끌어내 성장시키고 조직의 탁월한 성과를 달성하는 임파워링 프로세스 그 자체다.

리더는 꽃들을 가꾸어 아름다운 정원을 만드는 정원사다. 훌륭한 정원사는 어디서든 정원을 만든다. 태평양을 항해하는 선박에서도 정원을 만든다. 환경을 탓하지 않고 자신이 있는 곳에서 최고의 정원을 만든다. 정원사는 꽃을 사랑한다. 꽃들이 말한다.

"그분과 함께하면 최선을 다하고 싶어져요."

▮▮ 인정 능력 점검하기

인정은 의도적인 노력이 필요하다. 그래서 인정하는 것도 리더의 능력이다. 자신의 인정 능력을 한번 점검해보자. 다음 사례에서 주 과장을 인정할 거리를 찾아보자.

김 부장과 팀원들은 이번에 새롭게 출시되는 신제품 전시회 개관을 하루 앞두고 몹시 바쁘게 일을 하고 있다. 김 부장은 전시회 동안 고객들에게 신제품에 대한 인지도를 높여 매출에 이바지하기를 기대했다. 그런데 실망스럽게도 본사에서는 간단한 카탈로그만 보내주었다. 신제품 론칭을 인상적으로 하기 위해 제품 모형이나 적어도 제품 소개 영상이라도 있었으면 하고 바랐다. 몹시 아쉬운 표정이 얼굴에 드러났다.

주 과장은 경력직으로 입사한 지 이제 1년 차가 되는 사원이다. 그가 김 부장에게 다가와 "부장님, 뭐 걱정스러운 일이 있으세요? 제가 도와드릴 일이 있나요?" 하고 물어보았다. 전시회에 신제품을 소개할 영상이라도 있었으면 좋겠는데 없어서 아쉽다고 말했다. 그랬더니 자기가 학창 시절에 영상을 만들어본 적이 있다며 한번 시도해보겠다고 했다. 김 부장은 고맙지만 시간이 부족하니 신경 쓰지 말라고 대답했다. 그날 김 부장 팀은 밤늦은 시간이 돼서야 전시회 준비를 마칠 수 있었다.

전시회 당일 김 부장은 일찌감치 전시장에 도착했는데 주 과장이 이미 와 있었다. 그는 김 부장에게 파워포인트 슬라이드와 음성을 결합해 만든 영상 자료를 건넸다. 영상을 틀어보니 슬라이드도 잘 선택됐고 녹음된 설명도 제품의 가치와 장점을 잘 표현했다. 음질도 깨끗했다. 주 과장은 대학 시절에 수업 과제를 위해 동영상 제작 학원에 다닌 적이 있다며 수줍게 설명했다. 그는 어제 저녁에 만족할 때까지 여러 번 다시 만들기를 반복했다고 했다. 그 영상 덕분에 전시회 동안 신제품 론칭을 성공적으로 끝낼 수 있었다.

위의 사례에서 주 과장은 어떤 사람인가? 만약 당신이 김 부장이라면 주 과장에게 어떻게 인정 칭찬을 하겠는가? 아래 목록은 주 과장을 인정 칭찬한 표현들이다.* 먼저 모든 인정 칭찬을 생각해보고 아래 목록과 비교해보라. 그중 몇 가지만이라도 주 과장에게 표현한다면 당신은 주 과장에게 '사람 볼 줄 아는' 상사가 될 것이다.

1. 김 부장에게 먼저 다가가 도울 일이 없는지 묻는 모습을 보면
   - 상대의 곤란한 기분을 알아차리는 공감 능력이 있는 사람
   - 먼저 다가가는 용기가 있고 사교적인 사람
   - 상대에 대한 배려심이 큰 사람
   - 생각을 행동으로 실천하는 적극적인 사람

---

* 감수성 훈련 도반인 김민지, 김상우 코치의 도움을 받아 함께 작성했다.

2. 학창 시절의 경험을 살려 영상 편집을 시도한 행동을 보면

- 새로운 것에 도전 정신이 있는 사람

- 적응력과 유연성이 있는 사람

- 일을 스스로 찾아 나서는 주도적인 사람

- 팀의 성공을 위해 노력하는 사람

3. 아침에 일찍 와서 기다린 것을 보면

- 부지런하고 성실한 사람

- 준비성이 있는 사람

4. 영상을 완성도 있게 준비한 것을 보면

- 업무에 대한 전문성이 있는 사람

- 맥락 이해도가 높으며 상대가 무엇을 원하는지 알아차리는
  능력이 뛰어난 사람

- 고객의 욕구를 찾아내는 센스가 뛰어난 사람

- 자기가 한 말을 지키는 책임감이 있는 사람

- 자기 판단을 신뢰하는 자기 확신과 자신감이 높은 사람

5. 대학 시절에 수업 과제를 위해 동영상 제작 학원에 다닌 것
   과 전날 저녁에 만족할 때까지 재작업을 한 행동을 보면

- 과제를 허투루 하지 않고 진심을 담아 원하는 결과를 추구하는
  열정이 있고 최선을 다하는 사람

- 끈기있고 완벽을 추구하는 사람

6. 수줍게 설명하는 모습을 보면

- 겸손한 사람

- 진솔한 사람

5장

심리적 안전감

지속 성장 시스템을
구축한다

1

새로운 시도를 방해하는
불안을 다룬다

"편하게 말해도 돼요.""솔직하게 말해봐요.""다른 의견이나 질문 있으면 해주세요."

리더는 표현하기를 망설이는 구성원이 답답하다. 분명히 현장 상황에서 부딪치는 어려움도 있고 더 좋은 방법이 있을 것 같다. 그런데 말하지 않고 수동적인 구성원이 못마땅하다. 회의 시간에 내내 말 한마디 안 하고 앉아 있다가 돌아가는 걸 보면 시간을 낭비한 것 같아 개운치가 않다. 뒷말하지 말라고 훈계한다고 해서 되지 않는다. 앞에서 말하는 것이 불편하지 않아야 뒷말이 없어진다.

"새롭고 좋은 것을 많이 배웠습니다. 그런데 회사에 가면 실천할 수 있을지 모르겠네요."

리더십 교육을 마치고 소감을 나누는 시간에 들은 말이다. 조직에 돌아가 시도하면 구성원들은 '또 어디서 이상한 것 좀 배웠나 보네. 혼자 저러다 말겠지.'라고 반응할 거라는 말이다. 새로운 시도를 생뚱맞게 여기고 거부하는 조직 분위기를 알기 때문에 망설여지는 것이다. '튀어나온 못이 정 맞는다.'라며 위안하고 시도를 포기하거나 배운 내용을 공유하는 정도에 머무른다.

조직에서는 구성원이 눈치 보지 않고 자기 생각을 표현하고 새로운 시도를 적극적으로 할 수 있는 문화를 구축하기 위해 다양하게 노력하지만 성공하지 못한다. 왜 구성원들은 행동하지 않을까? 그 중요성을 몰라서가 아니다. 자신을 보호하려는 심리 때문이다. 안전감을 느끼지 못하면 새로운 행동을 실천하기 어렵다.

새로운 사고를 할 수 있는 문화를 만들자

맥도널드는 성공 계획Plan to Win 전략을 시행하기 전에는 성공한 매장의 모범 사례를 전파하는 유통망 중심의 혁신 전략을 펼치고 있었다. 그에 반해 성공 계획 전략은 외적 확장에 집착하지 않고 고객을 만족시킬 수 있는 신제품을 개발해 제공하는 데 초점을 맞추었다. 햄버거 위주의 제품 메뉴에서 샐러드, 치킨, 샌드위치 등 색다른 제품을 개발할 때 구성원들이 자유롭게 생각할 수 있도록 환경을 조성했다. 그 결과는 놀라웠다. 4년여 동안 맥도널드 지점은 3퍼센트 정도 증가했지만 매출은 무려 45퍼센트나 늘어났다. 혁신의 당위성만 강조하지 않고 실제 혁신을 할 수 있는 환경을 만들었더니 신제품 개발, 방문 고객 수, 판매량 등 모든 지표에서 긍정적인 수치를 보였던 것이다.

이 계획은 맥도널드 본사의 리더가 기획한 것이지만 명령 하달식으로 내려오지 않았다. 그보다 새로운 도전과 혁신을 할 수 있는 안전한 환경, 즉 새로운 사고를 할 수 있는 문화를 적극적으로 장려한 것이 성공 계획 전략의 핵심적인 성공 비결이었다.

변화 과정에서 긍정의 환경을 조성하자

벤저민 하디Benjamin Hardy는 변화에 있어 가장 중요한 것은 의지나 태도가 아니라 '환경'이라고 강조했다.[1] 아무리 주도적인 사람도 행동이 제약당하는 조직에서는 주도적으로 행동하기가 어렵다. 자기 생각과 목표가 있어도 조직이라는 환경에 놓이면 행동을 망설인다. 우리는 환경이 바뀌면 환경에 맞는 행동을 하게 된다. 조직문화 연구자인 국민대학교 김성준 교수는 저서 『조직문화 통찰』에서 "조직의 문화는 개인의 심층적인 무의식을 지배해 조직에서 일하는 방식을 지배하고 전략을 창출하고 선택하고 자라게 한다."라며 문화의 중요성을 강조했다. 눈에 보이지 않는 문화가 리더와 구성원의 인식, 생각, 행동하는 방법을 지배하기 때문이다.[2]

어린아이가 걸음마를 시작하면 부모는 손을 잡아주거나 다치지 않게 지켜보고 넘어지면 다시 시도할 수 있도록 응원해 안전한 환경을 제공한다. 안전감은 실수해도 "괜찮아, 누구나 실수할 수 있어."라고 이해받고 실수를 성장의 과정으로 지지하는 분위기에서 만들어진다. 실수한 상대를 비난하고 문제 있는 사람이라는 꼬리표를 붙이면 안전감은 금세 사라지고 위기와 긴장으로 채워진다. 내가 그렇듯 상대도 실수하고 허점을 가진 사람이지만 각자 자기 방법과 속도로 노력한다는 것을 인정할 수 있어야 한다. '나도 옳고 당신도 옳다 I am okay, you are okay.'**3** 이런 생각이 안전감을 키운다.

2

—

심리적 장벽을 낮추고
심리적 안전감을 쌓는다

실패를 재정의하자

조직에서 성과 달성만이 자신을 드러낼 유일한 징표라면 어떻게 될까? 아무도 실패 가능성이 있는 도전을 감당하지 않을 것이다. 스스로 무능력을 드러내려는 사람은 없기 때문이다. 실수가 용서된다고 해도 일부러 실수하고 싶은 사람은 없다. 잘못한 직원은 굳이 조목조목 잘못을 지적하지 않아도 스스로 자기 잘못을 안다.

자기 주도적 조직은 '무엇을 실패로 규정하는가'부터 다르다. 적당한 노력으로 달성할 수 있는 목표를 세운 뒤에 항상 목표를 초과 달성한 것을 자랑하는 조직은 실패한 조직으로 규정한다. 업무나 조직이 잘못돼 가는 것을 알고도 책임지지 않을 명분을 만드는 데 집중하거나 자기 책임이 아니라고 침묵하는 것도 실패로 규정한다. 실패가 두려워 마땅히 해야 할 일을 시도하지 않는 것을 실패로 규정한다. 올바른 일을 하지 않는 것과 해야 할 일을 올바른 방법으로 하지 않는 것 역시 실패로 여긴다.

구성원의 잘못이나 실패를 받아들이는 리더의 태도가 심리적 안전 감에 기여한다. 리더는 일이 잘못된 것을 실패로 규정하고 누구 책임 인지 가리는 것에 급급해하지 않아야 한다. 구성원에게 잘못해도 함 께 논의하고 해결할 동료와 팀과 조직이 있다는 것을 알려줘야 준다. 신뢰감과 안전감이 조직의 문화로 자리 잡는 것에 집중해야 한다.

스몰토크로 얼음을 깨자

침묵하고 있다가 갑자기 질문을 받으면 자기 의견을 제대로 표현하 기 어렵다. 묻고 싶은 것이 생겨도 질문이 망설여진다. 마음이 얼어붙 은 까닭이다. 이럴 때는 마음의 준비가 필요하다. 미팅을 시작할 때 참 석자들이 짧게라도 입을 열 수 있는 스몰 토크small talk로 서먹한 분위 기를 깨는 아이스 브레이킹ice breaking을 시도해보자. 회사 회의라고 항 상 업무 이야기만 할 필요는 없다. 조직에서 업무 이야기는 특별히 노 력하지 않아도 나눌 기회가 많다. 지난 주말에 즐거웠던 일과 축하할 일을 묻는 것으로 가볍게 대화를 시작한다. 휴가나 출장을 다녀온 사 람에게 어땠는지 물어본다.

첫 만남에서 심리적 장벽을 낮추는 것이 중요하다. 모르는 사람들이 섞여 회의를 시작할 때 돌아가며 간단하게 자기소개를 하는 이유도 긴 장감을 낮추고 심리적인 초대를 하기 위함이다. 회의 초반에 어떤 이 야기라도 직접 자기 입으로 하면 회의에 적극적으로 참여하려는 의지가 높아진다. 개인 문제든 회사 업무 문제든 걱정을 내려놓을 때 새로운 것이 들어갈 공간이 생긴다. 상대의 일상을 통해 그에 대해 더 알게 되고 관심을 가질 수 있다. 긴장감과 불편함이 줄어들면 회의에 참석한 모든 구성원이 상대의 의견과 회의 안건에 집중하게 될 것이다.

평소에도 1~2분의 스몰 토크를 수시로 시도하는 게 좋다. 사무실이나 회사 복도에서 마주칠 때마다 관심을 표시한다. 이때 "요즘 어떻게 지내요?" "요즘 잘 지내고 있어요?"라고 묻는 것보다는 조금 더 구체적인 질문을 던진다. 눈을 맞추며 다음과 같은 질문을 해볼 수 있다.

- 오늘은 특별해 보이는데요. 무슨 좋은 일 있어요?
- 딸 피아노 실력이 많이 늘었겠어요. 요즘 연습하는 곡은 뭔가요?
- 이번 주에 특별하게 집중하는 과제는 뭐가 있을까요?
- 요즘 어떤 것에 관심이 있나요?
- 요즘 흥분되거나 자랑하고 싶은 일은 무엇일까요?

오랜만에 만난 사람과는 무슨 이야기를 어디서부터 해야 할지 답답하다. 오히려 자주 보는 사람에게 궁금한 것이 많고 하고 싶은 이야기도 더 많다. 짧게라도 자주 대화하면 서로를 이해하는 공간이 생기고 어려운 이야기도 편하게 할 수 있는 라포르rapport, 즉 신뢰 관계가 형성된다. 상대를 이해할수록 상대의 행동을 내 마음대로 판단하고 오해하지 않는다. 옷차림과 표정의 작은 변화를 읽고 안부를 묻는 것으로 시작해서 취미, 가족의 안부, 주말 스포츠 경기 등 평범한 일상에서 관심을 끌고 있는 주제로 가벼운 대화를 나눈다. 중요한 것은 상대의 대답을 잘 듣고 반응하는 것이다. 공감하는 반응을 통해 마음이 연결되고 안전감이 높아진다.

작은 도움을 요청하자

리더가 먼저 심리적 장벽을 낮추어야 한다. 구성원이 충분히 들어줄 수 있는 작은 도움을 요청해보자. 쉬운 문제라도 상대의 의견을 구해보자.

- 나 좀 도와줘요.
- 이건 어떻게 하는 거예요?
- 책상을 좀 옮기려 하는데 도와줄 수 있어요?

리더가 구성원에게 작은 도움을 요청하면 구성원은 리더도 도움이 필요하다는 것을 알게 된다. 리더를 도울 수 있다는 사실은 자신감과 안전감을 높인다. 도움을 요청하는 것 역시 부끄러운 일이 아님을 알게 한다.

거절하기 쉬운 요청을 하는 것도 심리적 장벽을 허무는 데 한몫한다. 상대방에게 거절해도 괜찮다는 것을 느끼게 하자. 그러면 상대는 상사의 요청이라도 자기 자존감을 지키며 상대가 불쾌하지 않게 거절하는 법을 배운다. 억지로 마음씨 좋고 만만하게 보이는 사람이 되라는 말이 아니다. 직급이나 관행과 프로세스를 넘어서야 한다는 뜻이다.

팔이 짧으면 내가 먼저 한 발 더 가까이 다가가야 한다. "도움이 필요하면 언제든지 오세요." 하고 말한다고 해서 기다렸다는 듯이 찾아올 부하직원은 없다. 상사에게 자신의 불편함을 이야기하면 불평 많은 직원으로 오해받을까 두렵다. 어려움을 이야기하면 참을성이 모자라는 사람으로 인식될까 두렵다. 리더가 먼저 민감하게 살피고 한 발 더 다가가야 한다.

"어떻게 지내요? 내가 도와줄 것 없어요?"라고 물어도 그저 잘 지내고 있어요, 괜찮습니다, 고맙습니다라고 대답하지 "제가 고민이 있는데요."라고 선뜻 말하는 구성원은 드물다. 구성원이 먼저 미팅을 요구할 때는 이미 심각해진 상태다. 리더가 먼저 구성원에게 만남을 요청해야 한다. 말할 수 있는 고민은 고민이 아니다. 진짜 고민은 가슴속에 있다. 고민을 참고 사는 구성원은 모두 시한폭탄을 가슴에 품고 사는 것이나 마찬가지다. 꼭 문제가 해결돼야 하는 것은 아니다. 누군가 내 마음을 알아준다는 것만으로도 문제가 얼마간 해소되는 느낌을 받는다. 이때 시한폭탄의 시계가 초기화된다.

서로의 마음이 어긋날 때는 불필요한 오해를 사기도 한다. 구성원은 상사와 면담이 필요하다고 느끼지만 망설이다 결국 포기하고 혼자 해결하려고 한다. 바쁜 상사를 위해서 참는다고 자신을 합리화한다. 상사를 부하직원과 소통할 시간도 없는 바쁜 사람으로 만든 꼴이 되고 만다. 반대로 리더는 자기는 언제든 시간을 내어 이야기를 들어줄 마음의 준비가 돼 있는데 구성원들이 찾아오지 않았다고 한다. 먼저 만나자고 요청하지 못하면서 자기는 '누구나'와 '언제든지' 소통할 준비가 돼 있는 좋은 사람 코스프레를 하는 셈이다. 소통하고 싶은 마음이

나 연결의 필요성보다 심리적 장벽이 더 높은 것이다.

　리더가 먼저 손을 내밀어 만남의 장을 만들고 연결의 대화를 유도해야 한다. 그러면 다음에는 구성원이 먼저 리더를 찾아올 것이다. 조직에서 느끼는 심리적 안전감이 자기 주도적 변화에 기여한다.

▮▮ 모두에게 가치 있는 회의 주관하기

서로 고립된 상태에서 회의를 하면 다분히 형식적인 자리가 될 공산이 크다. 의견 교환이 활발하게 되려면 모든 참석자에게 가치가 있어야 한다. 주관자에게 일방적으로 보고하는 회의는 발표자와 주관자만 참여하고 다른 참석자는 관전만 하는 지루한 회의가 될 수 있다. 그런 회의는 따로 둘이서 하자. 긴급한 사항을 공지하는 회의가 아니라면 모든 참석자가 참여하고 몰입할 수 있도록 분위기를 조성해야 한다.

리더는 자기가 하고 싶은 말과 궁금한 내용보다 전체에게 도움이 되는 것이 무엇인지 먼저 고민해야 한다. 회의를 시작하면서 구성원들에게 자신이 회의에서 던지는 질문에는 정답이 따로 없으며 좋고 나쁜 의견을 구분하지 않는다고 명확하게 안내한다. 지금 이 자리에서 떠오르는 생각을 표현하도록 자극하고, 다양한 생각을 듣고 논의하는 자리라는 것을 지속해서 알려준다. 구성원이 자기 생각을 자유롭게 이야기하는 것이 환영받는 행동이라는 것을 확실하게 느끼게 한다.

리더는 중간에 참석자들의 의견을 물어보거나 소그룹 미팅을 활용해 활발한 회의 분위기를 조성한다. 소그룹 미팅은 함께 논의하고 싶은 공통의 질문들을 미리 받고 무작위로 한두 개를 뽑아서 소그룹 별로 논의하게 한 뒤 그 결과를 서로 나누는 회의 방법으로 참석자의 참여를 높일 수 있다.

보고 내용과 관련이 적은 참석자에게도 의견을 물으며 모든 참석자가 부서와 상관없이 조직 전체의 일에 관심을 두고 회의에 가치를 느낄 수 있도록 유도하는 것도 필요하다. 어떤 대답을 하든 그 의견을 존중하면 참석자들은 마음을 열고 안전감을 느끼게 된다.

3

명확한 목표가
갈등을 줄인다

상사의 말을 잘못 해석하는 바람에 열심히 노력한 결과가 무용지물이 된 경험이 있을 것이다. 이런 경험이 여러 번 반복되면 구성원들은 위축되고 상사의 눈치를 본다. 회의를 마친 뒤에 따로 모여 상사의 지시를 다시 해석하고 의도를 추측한다. 그들은 일하는 내내 상사의 눈치를 살피며 전전긍긍한다. 상사의 마음을 잘 이해하는 복심을 찾아가 물어봐야 마음이 놓인다.

리더는 지시와 목표를 명확하게 해야 한다. 그렇지 않으면 구성원들은 추측해야 하고 지시한 사람의 의도를 계속 살펴야 하고 그러다 보면 자신감을 잃고 만다. 모두가 맞다고 생각하는 것에 대해서는 불안감과 갈등이 없다. 명확성은 갈등을 줄인다. 그러면 구성원은 리더의 눈치를 보지 않고 자신감 있게 업무에 몰입할 수 있다. 리더는 구성원이 자기만의 효과적인 방법으로 목표를 달성할 수 있게 지원만 하면 된다. 조직이 커지고 발전할수록 명확한 목표와 규정과 절차의 필요성은 아무리 강조해도 지나치지 않다. 명확하지 않은 목표와 규정은 갈등과 혼란을 일으켜 인적, 물적 자원을 낭비해 조직의 생산성 향상을 방해한다.

목표를 이루는 과정에서 생긴 실수를 용서하면 심리적 안전감이 높아져 조직의 창의성과 기민성을 자극하게 된다. 반대로 목표와 상관없거나 명확한 기준이 없는 용서는 불만과 혼란을 키운다. 명확성은 조직의 영속성을 위해 반드시 갖추어야 할 요소다.

목표가 명확해야 안심하고 몰입할 수 있다

리더는 회의 참석자들이 모두 자기처럼 회의의 목적을 이해하고 필요한 정보를 갖고 있다고 믿는다. 하지만 논의 과정에서 이것이 착각이었다는 것을 깨닫는다. 따라서 리더는 회의 목적과 원하는 결과를 분명히 해야 한다. 회의 전에 필요한 정보를 공유하고 회의 중간에도 이해되지 않거나 동의하지 않는 부분이 있는지 수시로 확인한다. 구성원들은 목표가 명확할수록 몰입할 수 있다. 갈등이 드러나고 토론이 활발해질수록 조직이 원하는 것이 명확해진다.

명확성을 위해 회의를 마치기 전에 결정된 내용을 정리하고 어떻게 이해했는지 서로 확인하는 절차를 거치는 것이 좋다. 다음과 같은 질문을 활용한다.

• 오늘 회의가 성공적이라는 것을 어떻게 알 수 있을까요?

- 오늘 결정의 성공적인 모습은 무엇인가요?

- 그것이 이루어지고 있다는 것을 어떻게 확인할 수 있을까요?

- 우리가 놓치고 있는 부분은 무엇인가요?

- 더 필요한 것은 무엇인가요?

- 최악의 상황은 어떤 모습인가요?

- 지금까지 내용을 어떻게 이해하고 있나요? 누가 설명해주세요.

리더는 확인하는 과정에 5~10분을 투자함으로써 작업의 진행 과정을 일일이 돋보기로 추적하고 확인하는 수고를 줄일 수 있다. 구성원은 자기 역할을 명확하게 이해하고 업무를 수행하며 스스로 자기 성과를 평가할 수 있다.

명확한 목표가 임파워링을 가능하게 한다

골프에서 초보자는 공을 쳐서 앞으로 똑바로 보내는 것에 집중한다면 중급자는 원하는 곳에 보내는 것에 집중한다. 프로 선수는 원하는 지점에 공을 떨어뜨리는 것이 목표다. 고수일수록 목표가 구체적이다. 상황을 고려해 여러 클럽에서 다양한 구질을 연습한다. 목표가 다르면 연습 방법도 달라진다. 구체적인 목표는 구체적인 행동을 유도하고 막연한 목표는 막연한 결과를 낳는다. 목표를 구체적으로 측정할 수 있는 행동으로 정의해보자. 측정할 수 있어야 관리할 수 있다.

회사가 이루고 싶은 미션이 있을 때는 달성했다는 것을 확인할 수 있도록 구체적으로 표현하면 구성원들이 헷갈리지 않는다. 자기 관점에서 벗어나 더 명확하게 조직의 목표를 이해할 수 있다. 구성원 스스로 어떤 행동을 해야 하는지 알게 된다. 권한 위임을 망설인다면 먼저 리더 자신이 원하는 것을 명확하게 정리하고 구성원과 함께 합의하자. 목표가 명확하다면 달성 방법은 구성원에게 마음 놓고 맡길 수 있다.

▌▌조직이 추구하는 가치와 행동 정의하기

소통의 중요성은 아무리 강조해도 지나치지 않는다. 그러나 소통을 잘하는 것에 대한 정의와 그 기대 결과는 사람마다 다르다. 회사에서 한 영업 사원의 소통 능력에 대해 평가한다고 가정해보자.

영업 담당인 김 과장은 쾌활하고 농담을 잘한다. 회사 행사에서 사회를 도맡아 할 정도다. 여러 사람 앞에서 당황하지 않고 낯선 사람과도 쉽게 어울린다. 동료는 물론 본인도 소통 능력이 나쁘다고 생각하지 않는다. 고객과도 비교적 자주 연락을 주고받고 관계도 나쁘지 않은 편이다. 자신감이 넘치고 자기 일에 책임감도 있고 열심히 하려는 의욕도 강하다.

김 과장의 상사인 윤 부장은 가끔 중요한 정보를 다른 경로로 듣게 되고 문제가 커진 후에서야 알게 된 적이 있다. 그러다 보니 김 과장의 소통 능력을 좋게 평가하고 있지 않다. 김 과장은 윤 부장에게 소통 능력이 부족하다고 몇 차례 지적을 당한 뒤 공연히 트집을 잡힌 것 같아 혼란스럽고 자신감이 없어졌다. 윤 부장의 눈치를 살피는 횟수가 늘어나고 업무에 의욕이 떨어졌다.

만약 소통을 잘하는 것이 필요 역량이라고 해보자. 그럼 조직은 그것을 측정할 수 있는 행동을 구체적으로 정의해야 한다. 그래야 구성원은 정의된 행동을 기준으로 자기 행동을 스스로 관리할 수 있다.

다음은 그룹 코칭을 통해 영업 조직에서 추구하는 소통과 구체적인 행동을 정의한 사례다. 조직의 상황과 시점에 따라 구성원들과 함께 다르게 정의할 수 있다. 주기적으로 함께 점검하고 잘 지켜지는 행동과 추가할 행동을 보완해 나간다.

정의: 소통 능력이란 의도와 사실을 필요한 순간에 정확하게 전달하기 위해 상대와 환경에 따라 적절한 의사소통 기술을 선택하고 활용하는 능력이다.

1. 소통 능력이 있는 사람의 행동 특징
   - 상대와 환경에 따라 정확한 의사 전달을 하는 데 필요한 소통 기술을 한 가지 이상 활용한다. 대면 대화, 이메일, SNS, 전화, 보고서 등.
   - 상대의 말을 끝까지 듣고 상대가 말한 내용을 요약해 들려주고 확인한다.
   - 회사 업무에 필요하고 도움이 되는 정보와 알고 있는 내용에서 변경할 부분이 생겼을 때 24시간 이내에 필요한 사람과 공유한다(사생활과 회사 기밀은 제외한다).
   - 이메일을 보낼 때 수신과 참조에 들어갈 상대를 구분할 수 있다.
   - 요청을 받으면 마감일 전에 요청 사항에 대한 대답을 전달한다. 그러지 못할 때는 언제까지 답변하겠다고 마감일 하루 전까지는 알려준다.

2. 소통 능력이 부족한 사람의 행동 특징

- 자기 생각을 정확하게 표현하는 것이 어렵거나 두렵다.
- 타인의 이야기를 끝까지 듣지 않는다. 이야기를 들어도 상대의 관점을 이해하지 못하거나 이해하려 하지 않는다.
- 상대와 다른 의견이 있어도 표현하지 못한다.
- 대화와 토론을 지배한다.
- 다른 사람에게 도움이 되는 정보를 적시에 일관되게 공유하지 않는다.
- 주어진 자리에서는 이야기하지 못하고 나중에 뒷말을 한다.

4

완벽하지 않은
상태를 유지한다

리더는 구성원의 약점을 고치고 무결점을 추구하는 것을 목적으로 하지 말아야 한다. 끊임없이 약점을 찾아 보완하는 것이 높은 성과를 보장하지도 않는다. 자칫 조직의 건강을 해칠 수도 있다. 그 누구라도 자신의 약점을 캐는 것을 반기는 사람은 없다.

글로벌 컨설팅업체 맥킨지는 100개가 넘는 기업의 컨설팅 결과를 분석하고 60만 명 이상을 설문조사해 "탁월한 성과를 창출하고 유지하는 데 승자가 되는 길은 역설적이게도 성과 자체에 얼마나 '덜' 집중하는가에 달려 있다."라고 발표했다.⁴ 성과는 반드시 필요하다. 성과를 내지 못하는 조직은 살아남을 수 없다. 그러나 리더가 성과와 목표에만 집중할 때 지속 가능한 성장이 위협당한다. 성과에 집착하고 성과만을 내세우다가 인격을 모욕하고 심지어 인권침해가 발생하기도 한다. 성과 못지않게 조직의 건강도 중요하다. 맥킨지는 많은 표본 조사와 오랜 연구를 통해 조직 성과 차이의 50퍼센트 이상이 조직의 건강과 밀접한 관계가 있다고 주장한다.

리더가 바쁘고 여유가 없으면 조직을 입체적으로 조망할 수 없다. 다가오는 위협을 감지하지 못한다. 문제가 생겼을 때 원인 파악에만 매몰된다. 조직의 심리적 안전감이 위협받고 있다는 것을 인지하지 못한다. 잘못을 숨기거나 잘못된 결정을 반복하는 구성원과 조직의 숨어 있는 신념, 가정 등 심리적인 문제를 놓친다. 많은 혁신적인 아이디어가 쓰레기통에 버려지는 것에 무관심해진다.

의식적으로 느슨한 긴장감을 유지한다

리더가 완벽을 추구하면 구성원이 이바지할 공간이 없다. 리더가 완벽함을 목표로 하면 자신은 물론이고 구성원에게도 엄격하고 숨 막히는 존재가 된다. 실수나 부족함을 드러낼 수 없게 되면 재미와 호기심을 잃어버린다. 그 결과는 개인과 조직 모두에게 부정적인 영향을 끼친다. 구성원은 잠재력을 동원하지 않고 새로운 아이디어를 고민하지 않는다. 리더는 두려움의 대상이 된다. 조직은 외줄 타기처럼 불안한 곳이 되고 만다.

리더는 100퍼센트 완벽을 추구하지 않아야 한다. 능력이 없어서가 아니라 그만큼 자신감이 있기 때문이다. 의도적으로 구성원들이 채울 수 있는 공간을 제공한다. 구성원이 스스로 리더가 돼 기여하고 성취감, 자신감, 자기 효능감을 느낄 기회를 제공하는 것이다. 또한 조직에서 성장을 경험하고 더 큰 도전을 즐길 환경을 조성한다. 구속과 통제보다 신뢰와 성장을 지향하는 리더는 "반드시" "절대로" 등의 말로 자신을 한정하지 않는다. 리더 자신도 조직에서 성장을 경험하며 더 큰 도전을 즐긴다.

리더의 역할은 오히려 의도적으로 완벽하지 않은meta-perfect 상태를 유지하는 것이다.[5] 긴장하는 조직은 혁신을 만들어내지 못한다. 그렇다고 긴장을 다 풀면 위험이 난무한다. 리더는 조직의 분위기를 민감하게 살펴 혁신적인 아이디어가 안전하게 논의되고 있는지, 필요한 정도의 긴장감이 있는지, 지나쳐서 안전감에 위협이 되고 있지는 않은지, 아니면 모자라서 나태함과 지루함으로 변하고 있는지를 점검하며 균형을 찾아가야 한다. 전체를 조망하며 의도적으로 느슨한 긴장감을 유지하는 것이다.

겸손은 아주 깊은 자신감에서 나온다

차드 멍 탄은 "자책감을 느끼지 않고 자신의 한계를 인정할 정도로 겸손하려면 아주 깊은 자신감이 필요하다."라고 말한다.[6] 진정한 자신감은 자신의 취약성을 인정하고 공개할 수 있는 자신감이다. 자신감을 가지고 일을 추진하는 것은 중요하다. 그렇지만 지나쳐서 자기 망상에 빠진 사람, 독불장군처럼 남의 이야기를 무시하는 사람, 유아독존 안하무인으로 행동하는 사람을 자신감 있는 사람이라고 하지 않는다. 실시간 교통 정보를 통해 계속해서 새로운 도로를 선택하는 내비게이션처럼 자신을 신뢰하더라도 항상 더 좋은 판단과 결정을 하기 위해 주변의 이야기를 듣고 환경의 변화를 살펴야 한다.

진정으로 자신감을 느끼게 되면 독립성을 유지하면서 유연하게 대처할 수 있다. 자존심을 세울 때와 내려놓을 때를 안다. 내려놓을 수 없다 해도 최소한 그것이 자기 모습이라는 것을 인정한다. 자신이 틀렸음을 인정하고 새로운 관점을 수용하는 태도는 겸손한 자신감이다. 겸손한 자신감은 단순히 자기 능력을 뽐내지 않는다는 것이 아니다. 내가 모든 답을 알고 있지 않으며 지금의 내 판단이 정답이 아닐 수 있다는 것을 인정하는 것이다. 겸손한 자신감은 부족함이 없는 완벽을 추구하지 않고 부족함을 수용해 완전해진다.

가정이 바뀌고 환경이 바뀌었는데도 일관성을 부르짖는 것은 만용이다. 자기 판단이 잘못됐다는 것을 인정하는 행동을 '나는 잘못된 판단을 한 실패한 사람'이라고 규정한다면 자기 판단을 바꾸지 못한다. 그러나 겸손한 자신감은 일관성에 집착하지 않는다. '나는 새로운 생각에 열려 있는 사람'이라는 관점으로 수용적인 태도를 보인다. 목표를 향해 다양한 경로를 선택할 힘이 있다.

혼자 일하는 것을 선호하는 리더가 있다. 만약 일이 잘못되면 책임지고 옷을 벗겠다고 주장하기도 한다. 하지만 그것은 그의 생각일 뿐이다. 그가 실패하면 조직은 경제적인 손실과 기회비용까지 발생한다. 그가 필요한 도움을 받아 성공적으로 임무를 완성하면 업적도 쌓고 경제적 이익도 챙길 수 있다. 자기 자존심을 위해 조직을 희생시키는 것은 아닌지 생각해볼 일이다.

리더는 자기 방법만 옳다고 고집해선 안 된다. 상대를 굴복시켜도 마음을 얻지 못하면 이긴 것이 아니고 새로운 적을 만드는 것이다. 성과를 위한 훌륭한 전략도 구성원들의 자발적 참여와 지지가 필수다.

그러므로 리더는 모든 것을 혼자 결정하고 이끌지 않아야 한다. 자신의 불완전함과 구성원들의 부족함을 허용할 자신감이 있어야 한다. 구성원들이 일할 맛을 느끼는 건강한 조직을 만들 수 있어야 한다.

5

자기다움과 강점에 집중하면
성장한다

　자기계발을 통해 성장을 추구하는 것과 완벽주의는 다르다. 완벽을 추구하지만 완벽할 수 없다는 것을 알고 최선을 다해 자기 잠재력을 개발하는 것과 완벽주의를 목표로 하는 것은 다르다. 나는 항상 옳아야 한다는 것이 목표가 되면 부족한 자신을 부끄럽게 여기고 심하면 수치심까지 느낀다. 새로운 것을 배워도 막상 시도하려면 망설이다 포기한다. 망설임과 불안함 밑에 두려움과 수치심이 있다. 누구나 신체적으로 정서적으로 상처받기 쉬운 부분이 있다. 이것이 취약성vulnerability이다.

　심리 전문가 브레네 브라운Brene Brown은 "수치심은 완벽주의를 사랑한다."라고 말한다.[7] 완벽주의의 핵심은 자기 생각보다 타인의 생각을 더 중요하게 여기고 타인에게 인정을 받는 것을 성공이라고 믿는다는 것이다. 이런 성공을 통해 자기 존재감을 느낀다. 안전한 일을 해 약점을 감추고 완벽을 추구하고 남이 시키는 일, 남들이 좋아할 일을 하며 인생을 보낸다.

완벽주의자는 비판, 비난, 수치심을 견딜 수 없어 일이 잘못되는 것을 허용하지 못한다. 사람과 상황을 통제한다. 자신과 타인의 결함과 불완전함에 집착해 바로잡으려 한다. 또한 자신을 방어하기 위해 필요한 피드백을 무시한다. 자기 내면의 불편한 감정을 거부하고 남과 환경 탓을 한다. 자신이 누구고 무엇을 위해 살고 있는지 찾아보려 하지 않으니 잠재력 있는 자신을 만나지 못하는 것은 당연하다. 이런 사람이 자기 한계를 제대로 알 리 없다. 용기와 겸손도 남에게 보이기 위한 겉치레로 사용한다.

진정한 용기는 두려움과 함께한다

완벽한 사람은 없다. 누구나 취약성을 가지고 있다. 진정한 용기는 두려움과 함께한다. 두려움이 없는 도전은 도전이 아니다. 두려울 때 진짜 실력 차이를 보여주는 것이 프로다.

류시화는 저서 『시로 납치하다』에서 "다른 사람의 기대에 맞추지 못하는 것보다 본래의 나로 존재하지 않는 것이 더 치명적이다. 나에게 필요한 일은 꽃봉오리에게 하듯이 너는 사랑스러워! 하고 스스로에게 말하는 일이다. 그리고 다른 사람들의 꽃봉오리를 발견하는 일이다. 자신에 대한 축복은 모든 축복의 근원이다."라고 썼다.[8] 브레네 브라운 교수는 "수치심을 꺼리고 숨길수록 수치심이 인간의 삶을 지배하게 된다."라고 말한다. 진정한 성공은 완벽해지려 하기보다 오히려 불완전한 자신을 수용할 용기를 키웠을 때 찾아온다. 조직의 심리적 안전감을 높이고 창의성 있는 조직문화를 위해서 가장 먼저 할 일은 리더가 취약성에 개방적인 태도를 보이는 것이다.

리더는 자신은 물론 구성원들이 부족한 자신과 성장하고 싶어 하는 자신 둘 다를 있는 그대로 사랑하도록 응원해야 한다. 그들은 북극성을 향해 걷지만 갈 수 없다는 것을 안다. 그렇다고 걸음을 멈추지 않는다. 자신이 되고 싶은 모습을 향해 걸음걸음 다가가 자기만의 최고의 모습을 완성한다.

취약성은 나약함이 아니다. 좋은 것도 나쁜 것도 아니다. 누구나 가진 당연한 것이다. 약점도 마찬가지다. 다만 약점은 재능을 잘못 활용하는 것이다. 강점 발휘나 성공을 방해하는 것이 약점이다. 없는 재능은 약점이 아니다. 목표가 정해질 때 비로소 어떤 재능이 강점이고 약점이 되는지 알 수 있다. 중역이 될 때까지는 장점이었던 역량이 중역이 되고 나서는 약점이 되기도 한다. 약점은 강점의 그림자다. 따라서 타고난 재능을 강점으로 활용할 줄 알아야 한다.

진정한 성장은 자기다움에 집중하는 것이다

난관과 장애를 극복하는 의지와 노력은 아름답고 숭고하다. 그래서 쉬운 일에 도전하기보다 어려운 일에 도전하는 것을 더 가치 있게 여긴다. 하지만 착각이다. 없는 재능에 도전하거나 약점을 극복하고 어렵고 힘든 일을 하는 것이 성장이라고 믿는다면 오산이다. 약점은 보완할 수 있지만 강점으로 만들 수 없고 제거할 수 없다. 제거하려고 노

력할수록 더 헤어나기 어려워진다.⁹

국민대학교 경영대학의 고현숙 교수는 "약점을 보완하는 것은 배가 침몰하는 것을 막지만 강점은 배를 앞으로 나아가게 한다."라고 말한다.¹⁰ 개인의 타고난 재능에서 비롯된 강점을 발휘할 때 조직에 필요한 성과를 낼 수 있다. SBS 교양 프로 〈생활의 달인〉을 보면 달인들이 얼마나 한 분야에 오랜 시간 자기 재능에 집중했는지 실감할 수 있다. 장인匠人 또는 달인達人은 자기 재능에 투자해 강점으로 계발하고 완벽에 가까운 성과를 낸 사람들이다. 그들은 모든 것에 완벽해지려 노력하지 않는다. 자신이 잘할 수 없는 부분을 인정한다. 대신에 누구보다 쉽게 역량을 발휘할 수 있는 부분에 집중적으로 투자했다. 이때의 노력을 '최고를 위한 자기계발'이라고 말한다.

그런 점에서 성장은 단순히 자기 능력과 활용 범위를 넓히는 것이 아니다. 의미 있는 영향을 미칠 수 있는 부분에 집중하는 것, 즉 좁아지는 것이다. 진정한 성장은 자기 재능에 기반해서 스스로 의미를 느끼는 것, 자기다움에 집중하는 것이다. 자기가 가진 재능을 강점으로 개발하고 매일 일터에서 강점을 활용하여 탁월한 성과에 기여하는 과정이다.

6

취약성을 드러내고
관리한다

"당신이 허락하지 않는 한 그 누구도 당신에게 열등감을 느끼게 할
수는 없다."

미국의 루스벨트 대통령이 한 말이다. 완벽한 사람은 없다. 약점은
극복해야 하는 것이 아니다. 숨긴다고 사라지지도 않는다. 누구나 무
의식적으로 약점을 먼저 보고 집중하게 된다. 약점과 취약성을 다루
는 방법은 먼저 자기 일부로 받아들이는 것이다. 지금의 부족한 나를
'괜찮은 사람'으로 수용하는 태도가 필요하다. 그다음에는 약점과 취
약성을 드러내고 스스로 책임지는 것이다. 브레네 브라운은 저서『마
음가면』에서 "취약성을 받아들이고 그 취약성과 함께 참여하겠다는
의지가 강할수록 우리의 용기는 커지고 목표는 선명해진다. 반면 취
약성으로부터 자신을 보호하려 하면 할수록 두려움은 커지고 관계는
끊어진다."라고 말한다.

약점과 취약성의 영향력을 무시한 채 숨기고 방어하거나, 약점을 극복하는 것이 최고가 되기 위한 자기계발이라고 여기는 건 아닌지 살펴볼 필요가 있다. 취약성을 다루는 방법이 개인과 조직의 경쟁력을 좌우한다. 취약한 부분을 잘못 다루면 극단적인 경우 개인이나 조직이 침몰할 수도 있다. 심리적으로 안전하면 취약성을 공개할 수 있다. 공개하고 나면 관리할 수 있고 안전감을 느낀다.

취약성은 극복하는 것이 아니라 관리하는 것이다

약점과 취약성을 관리하기 위해서는 아래의 조건이 필요하다.

1. 자신의 일부로 수용하기
2. 드러내어 표현하기
3. 자기 선택의 결과에 대해 스스로 책임지기

취약성을 공개하는 것은 남들이 모르는 나를 공개하는 것이다. 취약성을 드러내고 책임지면 더 이상 약점이 아니다. 오히려 당당하게 제대로 된 도움을 받아 문제를 효과적으로 해결할 수 있고 경쟁력에도 이바지한다. 리더가 먼저 자기 부족함을 드러내면 경계가 줄어들고 친밀감과 신뢰감이 생긴다. 그의 약점이 공감되고 진정성으로 다가온다.

그럼에도 조직에서 취약성을 공개하기는 쉽지 않다. 팀 빌딩 활동을 하고 함께 저녁을 먹고 터놓고 이야기하자고 하지만 정작 민감한

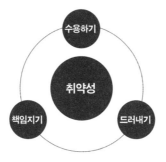

취약성과 약점 관리하기

핵심 주제는 서로 비껴간다. 겉도는 대화를 하며 돈과 시간과 에너지를 낭비한다. 리더가 위기 상황을 극복할 수 있는 자신감을 보여줄 때 조직은 안심하고 위기 극복을 위해 노력한다. 두려움을 숨기고 짐짓 자신감에 차 있는 척하며 조직을 더 강하게 몰아가고 싶을 것이다. 그러나 두려움을 표현하는 것과 자신감이 없는 것은 다른 이야기다.

"나도 지금 상황이 걱정되고 두렵다. 용기와 여러분들의 응원이 필요하다. 어렵지만 함께 힘을 합쳐 노력한다면, 그리고 약간의 운까지 도와준다면 이번에도 잘 해결될 것이라 믿는다."

리더가 솔직해질 때 구성원은 함께 극복하려는 용기를 낸다.

취약성을 개방하고 도움을 요청하자

잘난 척하는 사람을 도와주고 싶은 사람은 드물다. 리더도 두려움을 느끼고 부족함을 극복하기 위해 노력하는 사람이라는 것을 알리고 도움을 요청하자. 리더에게 구성원들의 도움이 필요하다는 것, 그들이 중요한 존재라는 것을 알게 하자. 그들에게 기여할 수 있는 기회를 제공하자. 리더가 구성원들에게 심리적인 신세를 질 때 상대는 심리적 안전감이 생긴다. 취약성을 공개해봤더니 별것 아니라고 느끼면 더 깊은 취약성을 공개할 수 있다. 취약성을 관리하는 조직은 투명하고 윤리적이며 잠재적인 위험이 줄어들어 건강해질 수 있다.

7

투명한 소통의 문화를 만든다

흙탕물을 컵에 담아 가만히 두면 위에는 맑은 물이 된다. 그렇다고 마실 수 있는 맑은 물이 된 것은 아니다. 언제든 자극이 오면 다시 흙탕물이 된다. 사람과 조직의 취약성도 마찬가지다. 숨기고 있는 취약성은 언젠가 문제를 일으킨다. 멀쩡해 보이던 사람도 완장을 채워주면 다른 사람이 돼 조직을 망치기도 한다. 드러내고 조심하면 관리할 수 있다. 하지만 모르거나 감춰진 취약성은 치명적인 위험이 될 수 있다.

구성원의 불만은 리더에게 불편하다. 그러나 조직을 생각하는 리더는 자신의 불편함보다 구성원의 용기와 의도를 인정한다. 프로 불만러라고 비하하지 않고 조직을 위한 소신 있는 행동을 칭찬한다. 리더의 입장을 설명하려 변명하거나 반박할 필요가 없다. 그 대신에 표현된 취약성 밑에 조직과 리더에 대한 근본적인 문제, 무의식 영역에 숨어 있는 가정, 신념 등을 찾아 드러내고 함께 해결하고자 한다.

취약성을 공개해도 안전해야 한다

조선의 명군 세종은 쓴소리마저 흔쾌히 받아들였다. 절대 군주에게 쓴소리를 한다는 것은 목숨을 걸어야 하는 일이다. 그러나 세종은 달랐다. 과거시험에서 한 응시자가 세종의 정치를 대놓고 신랄하게 비판한 글을 썼다. 그런데도 그는 아주 높은 순위로 합격했다. 당연히 조정은 발칵 뒤집혔다. 왕을 모독한 자를 벼슬길에 오르게 했으니 그럴 만도 했다. 세종의 정치를 비판한 자는 훗날 단종 복위를 꾀하다 죽은 사육신 중 한 명인 하위지였다. 왕을 모욕한 하위지와 그를 합격시킨 영의정 황희를 함께 탄핵해야 한다는 상소가 쏟아졌다.

그러자 세종은 벌컥 화를 냈다. 과거를 실시하는 이유가 바른말을 하는 인재를 구하기 위함인데 어찌 그런 인재를 처벌하라고 상소하느냐며 신하들을 나무랐다. 거기에다 이런 응시자를 세종 자신이 처벌한다고 나서면 오히려 막아야 하는 게 마땅한 일이지 않느냐고 통탄했다고 한다.

세종은 절대 권력을 쥐고 있어도 자신에 대한 비판을 기꺼이 듣겠다는 의지를 감추지 않았다. 세종은 신하가 자신에게 간언諫言하는 것을 싫어하지 않는다는 것을 틈만 나면 행동으로 보여줬다. 자신의 역작인 훈민정음을 창제할 때도 극렬하게 반대했던 최만리를 옥에 가두었다가도 그다음 날 곧바로 풀어주고 관직을 보장했다.

불편한 감정을 성숙하게 표현하자

경영 컨설턴트 로버트 브루스 쇼Robert Bruce Shaw는 저서 『익스트림

팀』에서 "내가 듣고 싶지 않은 것을 말하게 하라."라고 조언한다. 어느 조직이든 반대는 일어나고 반대자는 존재한다. 일사불란하게 움직이는 듯 보여도 내심 반대와 불만이 쌓이다가 어느 순간 극렬한 저항으로 표출될 때도 있다. 그래서 리더는 평소 반대를 받아들일 수 있는 투명한 소통 문화를 만들기 위해 노력해야 한다. 다음과 같은 질문을 활용해볼 수 있다.

- 참고 있는 것은 무엇인가요?
- 억지로 지키고 있는 규칙은 무엇인가요?
- 비밀이지만 말하고 싶은 것은 무엇인가요?
- 억울하다고 느끼고 있는 상황은 무엇인가요?
- 제안한 해결 방법은 다른 부서에 문제를 만들 수 있겠네요. 우리가 모두 허용할 수 있는 더 효과적인 방법은 무엇일까요?
- 우리가 놓지 못하고 있는 가정은 무엇일까요?

비록 불편하더라도 모든 의견이 자유롭게 오가면서 반대가 발전을 위한 쓴 약으로 작용하도록 해야 한다. 구성원이 잘못된 것을 잘못됐다고 말하고 불편한 것을 불편하다고 말할 수 있으면 이미 문제는 해결된 것이나 다름없다.

리더도 구성원의 불만이 아프고 섭섭하다면 그 감정을 말할 수 있어야 한다.

"방금 당신의 지적과 불만이 아프고 섭섭하다. 그렇지만 조직과 나를 위한 마음이 고맙고 하기 힘든 말을 해준 용기를 칭찬한다. 앞으로도 계속 이렇게 솔직하게 이야기해준다면 더욱 고맙겠다."

누구든 불편한 감정을 성숙하게 표현할 수 있는 분위기가 조직의 심리적 안전감에 기여한다.

8

진실이
심리적 안전감을 키운다

"도움이 필요해서 왔습니다. 사람의 잠재력을 믿는 것이 중요하고 인정 칭찬이 도움이 된다는 건 압니다. 효과를 느끼기도 하고요. 그런데 우리 팀 송 과장을 보면 제가 언제까지 믿고 기다려줘야 할지 답답합니다. 어떻게 해야 할지 모르겠습니다."

배 팀장이 난감한 표정을 지으며 찾아왔다. 그는 얼마 전 코칭 교육을 받고 조직에 코칭 리더십을 적용하고 있었다.

"고객 방문 전에 조금만 신경 써서 준비하면 좋은 결과를 낼 수 있는데 시키는 일만 해서 안타깝고 속상합니다. 믿고 칭찬만 해주다 보니 결정적 순간에 지시하거나 피드백하는 게 망설여집니다. 그동안 공든 탑이 무너질 것 같아요."

최근에 그는 다른 리더들과 함께한 자리에서 코칭이 인정 칭찬만 하고 상대방 의견을 존중하다 보니 일부 직원이 그걸 이용하거나 잘

못 길들까 염려된다고 토로했다. 성과를 위해서는 코칭 리더십보다는 카리스마 있게 지시하고 밀어붙이는 게 필요하지 않나 고민된다고도 덧붙였다.

코치   그렇게 생각했다면 혼란스럽고 답답했겠네요. 성과를 생각하면 걱정도 되고요.

배 팀장   코칭이 좋은 줄 알겠지만 필요할 때는 지시와 통제가 필요하다고 느끼고 있습니다. 그러면 제가 일관성을 잃어버리고 이것도 저것도 아닌 상태가 될까 걱정됩니다.

코치   팀 실적을 위해서는 코칭을 잠시 제쳐두고 지시도 하고 끌고 가야 하는데 그러면 일관성이 없을까 걱정된다는 말씀이네요. 내가 제대로 이해했나요?

배 팀장   네 맞습니다. 시간이 충분히 있으면 저도 좋게 이야기하면서 기다려줄 수 있을 것 같은데……. 조직에서는 당장 성과가 중요하지 않습니까?

코치   시간이 있다면 코칭 리더십을 해볼 수 있겠는데 당장 성과가 중요한 조직에서는 지시 통제가 필요하다는 말이네요. 지금 해결하고 싶은 것이 무엇인지 정확하게 알고 싶어서 그러는데 질문을 해도 좋을까요?

배 팀장   네. 얼마든지 하세요.

코치   오늘 대화를 통해 해결하고 싶은 것은 무엇인가요?

배 팀장   네? (살짝 당황하며) 송 과장에게 어떻게 행동 변화를 요구해야 할지 의견을 듣고 싶습니다.

코치   송 과장에게 행동 변화를 요구하고 제대로 가르쳐주고 싶은
       데 코칭은 인정 칭찬, 배려, 존중이 중요하다고 생각하니 피
       드백을 망설이게 되죠. 그러다 보니 당장 진행되는 업무의
       실적이 걱정되는 답답한 상황이네요. 제 의견도 듣고 싶고
       요. 내가 제대로 이해하고 있나요?

배 팀장 네 그렇습니다.

코치   팀장님이 이 문제를 해결하고 싶은 진짜 이유는 뭘까요?

배 팀장 실적도 올리고 송 과장도 제대로 성장시키고 싶습니다.

코치   바로 생각을 명확하게 정리하는 힘이 있으시네요. 하나 더
       묻고 싶은데요. 그렇다면 오늘 무엇이 배 팀장으로 하여금
       나를 찾아오게 했는지 한번 생각해보세요.

배 팀장 제대로 잘하고 싶고 코치님이라면 뭔가 배울 수 있다는 믿
       음이 있기 때문인 것 같습니다.

코치   믿음이군요. 그렇다면 내가 조금 어려운 질문을 하고 싶은
       데 괜찮을까요?

배 팀장 그럼요, 괜찮습니다.

코치   지금 배 팀장은 송 과장을 어떻게 보고 있나요?

배 팀장 문제가 있는 사람으로 보고 있습니다.

코치   배 팀장이 걱정하는 것은 무엇인가요?

배 팀장 당연히 회사 실적을 걱정하고 있지요. (잠시 생각하더니) 아,
       아니네요. 제 이미지가 나빠질까 봐 걱정하고 있네요.

코치   나는 배 팀장이 사람을 배려하는 따뜻한 마음도 칭찬하지만
       늘 배우려고 노력하고 이렇게 바로바로 자신을 인식하는 모

습이 대단하다고 생각합니다. 아쉬운 점은 배 팀장이 송 과장을 문제 있는 사람이 아니라 아끼고 신뢰하는 부하직원으로 생각하고 그의 성장을 지지하는 마음을 솔직하게 표현하면 어떨까 하는 생각이 듭니다. 그러면 송 과장도 배 팀장을 신뢰하고 아픈 지적도 받아들일 것이라는 믿음이 있는데요. 어떻게 생각하세요?

배 팀장 지금 코치님이 저에게 하시는 것처럼 말이죠?

코치 아하! 배 팀장이 저를 칭찬할 여유까지 생겼네요. 송 과장에게 어떻게 해보고 싶은가요?

배 팀장 먼저 제가 믿고 있고 더 성장하기를 바란다는 점을 더 명확하게 해야 할 것 같아요. 그리고 송 과장 행동에 대해 제가 느낀 아쉬운 점을 솔직하게 표현하고 그의 의견을 들어보고 함께 개선할 방법을 찾아보겠습니다.

코치 그렇죠! 미워서 지적하고 혼내는 것이 아니라 구성원의 성장과 성과를 위해서 리더가 관찰한 사실을 제대로 알려주어야 해요. 구성원은 어떻게 생각하는지 의견을 듣고 개선할 부분이 있다면 개선할 수 있도록 도와주어야지요. 잘못한 구성원을 칭찬만 한다면 리더를 신뢰할 수 있겠습니까? (상대의 반응을 살피며) 오늘 자신에 대해 새롭게 알게 된 것이 있다면 무엇인가요?

배 팀장 제가 좋은 말 하는 것에만 신경 썼던 것 같습니다. 그도 성장하고 싶어 하는데요. 저는 사실을 제대로 알려주지도 못하면서 혼자서 답답해하고 있었네요.

코치   내가 어떤 도움을 주면 좋을까요? 다른 질문은 없나요?

배 팀장 제가 피드백할 때 주의할 점이 있다면 알려주세요.

코치   배 팀장이 이미 잘 알고 있겠지만 다시 한번 강조한다면 성
        장에는 피드백이 필요합니다. 중요한 것은 판단이 아니라
        사실에 근거를 두어야 한다는 점이죠. 사실은 논란이나 오
        해가 없기 때문입니다. 그리고 상대의 자존심과 인격을 무
        시하지 않는 게 중요합니다. 그러지 않고도 배 팀장의 답답
        함, 아쉬움, 안타까움, 섭섭함을 충분히 표시할 수 있습니다.
        리더가 구체적으로 방법까지 지시했을 때 잘 안 되면 누구
        잘못이라고 생각하겠어요? 개선 방법은 혼자서 찾을 수도
        있고 함께 찾아볼 수도 있어요. 선택은 구성원 자신이 하는
        겁니다. 그래야 책임감이 생기게 되죠.

진정성이 없는 인정 칭찬과 피드백은 독이다

상사의 코칭 리더십을 잘못 이해한다면 중간 관리자는 인정과 칭찬
을 하는 상사와 말을 듣지 않는 부하직원 사이에서 난감한 상황에 놓
일 수 있다. 상사에게 보여주고 싶은 모습과 실제 부하직원에게 행동
하는 모습에 차이가 생기고 진정성을 잃어버리게 된다. 이럴 때는 다
음과 같은 질문을 자신에게 해보자. 자신을 돌이켜 성찰하면 어떤 리
더가 돼야 하는지 잘 알게 된다.

- 나는 어떤 상사와 일할 때 즐겁고 몰입하고 최선을 다했나?

- 칭찬하는 상사를 쉽게 생각하고 우쭐해져서 무시한 적이 있었나?
- 나는 언제 용기를 얻고 힘을 냈던가?
- 내 인생에 기억나는 최고의 피드백은 무엇인가?

진정성이 없는 인정 칭찬은 오히려 해가 된다. 인정 칭찬은 잘못을 못 본 척하며 좋은 이야기로 덮는 것이 아니다. 잠재력을 깨우고 동기를 부여하기 위함이다. 인정 칭찬뿐만 아니라 잘못에 대해 피드백을 할 때도 진정성이 담겨야 한다. 진정성은 진실을 동반한다. 진실은 불편함을 동반하기 때문에 불편함을 극복하는 용기가 필요하다. 상대의 성장을 진심으로 원한다면 관점을 바꾸고 감정을 흔들기 위해 솔직하게 피드백을 할 수 있어야 한다.

경영 컨설턴트이자 『리더는 마지막에 먹는다』의 저자인 사이먼 사이넥Simon Sinek은 "신뢰는 사람들이 듣고 싶은 말이 아니라 진실을 말할 때 생긴다."라고 말한다.[11] 진실이 서로의 신뢰를 높인다. 상대의 성장을 위한 피드백은 아프지만 가치 있다. 따라서 상대도 고마워한다.

동등한 존재로 만나 피드백과 격려를 하자

피드백을 하는 방법도 중요하다. 잘못을 지적하고 자기 방법을 강요하거나 감정 풀이로 화를 내라는 것이 아니다. 피드백은 어떤 사실에 대해 불편하거나 아쉬운 감정이 느껴진다고 말하고 상대의 느낌과 생각을 묻는 것이다. 그렇다고 해서 아무 때나 피드백을 하는 것은 도리어 부작용을 일으킬 수 있다. 상대가 내 생각과 충고를 들을 여유가 있는지 확인하고 전달해야 한다.

격려에 대해 잘못 알고 있는 리더도 많다. 격려의 말이란 인정과 칭찬을 통해 상대에게 에너지를 주는 것이다. "열심히 해!"라는 말은 격려가 아니다. "너를 믿어."라는 말이 격려다. 갑과 을이 아니라 동등한 존재로 만나 그를 믿고 의지하고 있다고 표현하자. 당신의 마음을 상대가 알 수 있도록 하자. 구성원이 리더와 논의하고 도움을 청할 수 있듯이 리더도 구성원에게 자기 생각을 언제든 이야기할 수 있어야 한다.

▮▮불편한 마음 표현하기

리더의 인정 칭찬이 일을 더 시키거나 지적하기 위해 밑밥을 까는 것이라고 생각한다면 안전감을 느낄 수 없다. 리더가 먼저 솔직해야 한다. 불편한 마음을 표현할 수 있어야 한다. 리더가 먼저 불편한 감정을 드러내고 싫은 것은 싫다고 표현하고 들어줄 수 없는 부탁은 부드럽지만 명확하게 거절할 수 있어야 한다. 그럴 때 진정성이 느껴진다. 감정을 건강하게 표현하는 말이 처음에는 낯간지럽게 느껴질 수 있다. 익숙하지 않아서 그렇다. 연습하면 충분히 개선할 수 있다.

구성원이 솔직하게 감정을 드러내며 이야기하는 것이 중요하다. "힘들다" "억울하다" "짜증 난다" 하고 말할 수 있어야 한다. 좋은 말로 표현하려고 돌려서 이야기하는 것이 오히려 문제해결을 방해할 수 있다. 구체적으로 불편한 부분을 솔직하게 논의할 수 있어야 근본 원인을 찾기가 쉬워진다.

부서 간에도 불만을 솔직하게 터놓고 이야기할 수 있는 분위기를 조성해야 한다. 생산성과 효율을 떨어뜨리는 업무 절차나 제도를 알면서도 참는 것은 미덕이 아니다. 리더는 불만이 내재돼 있을 때 민감하게 알아차리고 이해 당사자들이 모두 참석하는 회의를 운영할 수 있다. 이때 리더는 답을 가지고 접근하지 말고 어떤 이야기라도 안전하게 할 수 있는 환경을 만드는 데 집중한다.

9

강점을 연결해
서로 필요한 존재가 된다

자존심은 남이 나를 어떻게 보는지 의존하는 마음이다. 반면에 자존감은 내가 나를 귀하게 여기는 마음이다. 부족함을 감추고 싶은 것은 자존심이고 부족함을 인정하고 자신을 존중하는 힘이 자존감이다.

재능과 강점을 주제로 하는 대화는 구성원의 자신감과 자존감을 높이는 데 이바지한다. 리더와 함께 자기 재능과 강점을 발견하면서 구성원은 유일하고 온전한 자신을 인정할 수 있게 된다. 스스로 의미 있는 사람이 되면 자존감이 상승한다. 자존감은 불안감을 이기고 넘어설 수 있는 용기로 바뀐다. 자신감과 자존감은 심리적 안전감과 자발적 동기를 높이는 강력한 에너지다.

강점에 주목하면 약점을 포기할 수 있다

경영의 구루로 유명한 피터 드러커Peter Drucker는 10대 때부터 자신의 강점을 알았다. 정치와 경제에 관한 에세이를 쓰면서 인간과 세상에 대한 관심이 생겼고 이에 대해 글로 쓰는 것을 좋아할 뿐더러 재능도 있다는 것을 깨달았다. 그는 자신의 강점을 고스란히 살리는 데 집중했다. 저널리스트와 금융회사의 분석가로 일할 때도 강점을 더욱 이해하는 계기로 삼았다. 그러자 30대부터 저술가이자 학자로 명성을 날리면서 사람들에게 신뢰받는 인물이 됐다. 아직도 그의 강점이 발휘된 콘텐츠는 멘토링과 코칭의 배경으로 널리 활용된다.

"강점을 생산적으로 활용하라." 그는 약점을 보완하기보다 강점을 활용할 것을 당부했다. 약점은 그저 참고 견디는 수밖에 없다고 하면서 강점을 활용하는 것이 조직의 원래 목적이라고 말했다. 드러커가 강점에 주목한 것은 제대로 성과를 내기 위한 가장 좋은 방법이기 때문이다. 강점에 주목하는 조직의 구성원은 자신의 강점이 아닌 것을 발견하고 포기할 줄 안다. 자기 대신 그것을 잘하는 사람에게 양보하고 협업한다. 각자의 강점을 살리는 조직은 최고의 성과를 올린다.

피터 드러커는 저서 『피터 드러커 자기경영노트』에서 "목표를 달성하는 최고경영자는 자기 본래의 모습에 충실하려고 애쓴다. 그는 결코 다른 유형의 사람인 척하지 않는다."라고 말한다.[12] 강점을 제대로 살린 구성원은 가장 자기다우며 최고로 몰입할 수 있다. 몰입은 성과를 창출한다. 성과를 낸 구성원은 조직에서 인정받아 경영진이나 고위 관리직에 오르게 된다. 이처럼 강점을 살리는 문화는 개인과 조직 모두에게 도움이 된다.

강점과 약점을 개방해 변화를 촉진하는 환경을 만들자

리더는 구성원들이 서로 강점과 약점을 개방하고 안전하게 소통하는 문화가 자리 잡을 수 있도록 노력해야 한다. 구성원들이 서로 강점과 약점을 알고 있으면 상대의 반복적인 판단, 행동 패턴, 일하는 습관을 이해할 수 있다. 서로 이해하면 불필요한 갈등과 오해를 줄일 수 있다. 서로 약점을 미리 알고 있으면 당황하지 않는다. 책임질 수 있는 약점은 더는 약점이 아니기 때문이다.

강점은 강점대로 약점은 약점대로 서로 연결을 돕고 안전감과 신뢰감을 올려야 한다. 공격수가 수비수를 믿지 못하면 자기 역할에 집중할 수 없다. 구성원들이 서로 약점을 보완할 수 있는 강점을 연결해 서로에게 필요한 존재가 된다면 자연히 팀의 강점과 팀워크도 강화된다.

10

두려움을
두려워하지 않는다

결정을 앞두면 생각이 많아지고 하지 말아야 할 이유가 끊임없이 떠오르고 불안하다. 그렇다면 왜 그런지 곰곰이 생각해볼 필요가 있다. 실행을 방해하고 두려워하게 하는 것이 무엇인지 자기 마음속 걱정들을 정리해보는 것이다. 그중 무엇이 사실이고 무엇이 판단인지 구분한다. 판단이라면 사실을 확인하고 새로운 판단으로 수정한다.

하버드 경영대학원의 에이미 에드먼드슨Amy Edmondson 교수는 조직에서 문제를 제기했다가 자신이 틀릴 가능성에 대한 두려움으로 침묵을 지키는 게 얼마나 위험한 일인지 나사의 우주왕복선 컬럼비아호의 사례를 들어 설명했다. 2003년에 컬럼비아호는 텍사스 상공에서 폭발하고 말았다. 사람들의 눈앞에서 일곱 명의 승무원이 모두 사망한 끔찍한 참사가 벌어졌다. 사고가 나자 나사는 원인 규명에 들어갔다. 그 결과 안타깝게도 사전에 막을 수 있는 사고였다는 게 밝혀졌다. 사고가 일어나기 2주 전에 나사의 엔지니어는 컬럼비아호에 이상이 발생할 가능성을 발견했다. 그러나 그는 보고하지 않았다. 그 이유를 물어보니 자신은 말단 엔지니어고 팀장은 훨씬 높은 사람이기 때문이라고 대답했다. 에드먼드슨 교수는 괜히 문제를 보고해서 부정적으로 보일 가능성 때문에 고의적인 침묵을 지키는 경우가 많다면서 "이 사고는 조직에서 심리적 안전감이 만들어지지 않아서 생긴 비극"이라고 규정했다.[13]

심리적 안전감이 없는 것은 분명히 문제다. 그런데 아무리 안전한 환경을 조성해도 불안함이 사라지지 않는다. 마음속 깊은 곳 무의식에 자리 잡은 다른 진실이 있기 때문이다. 많은 경우 그것은 자신이 지키고 싶은 것을 잃어버리거나 피하고 싶은 두려움이다. 두려움은 스스로 만든 믿음이다. 그것을 의심하지 않고 당연한 진실이라고 믿는다. 특별한 경험에서 갖게 된 믿음이 두렵게 하고 새로운 시도를 방해한다. 이때 리더의 질문은 마음속에 자신을 보호하는 믿음이 무엇인지 찾게 할 수 있다. 리더는 표현된 불만이나 조직에서 겉으로 드러난 모순을 해결하는 것을 넘어 구성원이 인식하지 못하는 무의식의 신념과 가정을 찾아 논의하고 수정해야 한다. 이때 비로소 지속 가능한 변화가 시작된다. 심리적 안전감의 뿌리가 자리 잡는다.

앞으로 어떻게 살고 싶은가에서 시작하자

인생의 터닝 포인트는 지금 이대로에서는 일어나지 않는다. '앞으로 어떻게 살고 싶은가?' 하는 질문에서 발생한다.

- 나는 어떤 사람이 되고 싶은가?

- 지금 무엇을 선택해야 할까?

- 진정 피하고 싶은 상황은 무엇인가?

- 행동을 방해하는 걱정은 무엇인가? 그 걱정은 어떤 믿음에서 비롯된 것인가?

- 그렇게 생각하게 된 배경을 무엇일까?

- 그 믿음이 항상 진실이 아니라는 것을 보여주는 사례는 무엇이 있을까?

- 행동하지 않으면 어떤 문제가 생길까?

　두렵다고 포기부터 하는 사람을 스스로의 주인이 된 리더라고 할 수 없다. 스스로의 주인이 된 리더는 자신이 할 수 있는 일과 할 수 없는 일을 구분한다. 그리고 할 수 없는 일 때문에 시작을 포기하지 않는다. 원하는 것이 있다면 당장 할 수 있는 일부터 시작한다. 그렇다고 처음부터 좋은 결과가 있을 것이라고 기대하지는 않는다. 축적의 시간이 필요하다는 것을 알기 때문이다. 원하는 것을 하다 보면 새로운 계기와 전환이 생긴다. 변화는 쉽지 않지만 변하지 않는 것도 없다.

　인생의 마지막 장면에서 자신이 원하는 자기 모습을 그려보자. 그러면 더 이상 두렵지 않게 된다. 어제 실패했더라고 오늘 이 순간 다시 시도할 수 있는 용기를 얻는다. 작심삼일이면 3일마다 다시 시작하면 된다. 작심삼일을 핑계로 시작조차 포기하는 것은 자기 합리화에 불과하다. 자신이 옳다고 생각하는 일을 시도했다면 시도한 자신을 칭찬하자. 나는 내가 알고 있는 것보다 더 잠재력이 많은 사람이다.

지금 자신이 한 선택을 성공으로 이끌자

실패가 두려워 우물쭈물 망설인다면 그런 '나'를 안타깝게 쳐다보는 또 다른 '나'가 있다. 그는 성공하고 싶어 한다. 용기 있고 목표도 높다. 그가 있기에 실패를 두려워하는 다른 '나'를 안타깝게 쳐다보는 것이다. 두려워하는 '나', 즉 내면의 아이와 성공하고 싶은 '나', 즉 내면의 거인 중에서 누구를 자주 만날 것인가?

완벽한 선택은 없다. 기다려도 오지 않는다. 다만 지금 자기 선택을 성공으로 이끌기 위해 노력할 뿐이다. 누구나 넘어진다. 넘어졌을 때 다시 일어날지 말지는 자신이 선택하는 것이다. 두려워하는 '나'를 받아들이고 극복하고 싶고 잘하고 싶어 하는 '나'와 함께 당당해지자. 그것이 자기 주도적 리더의 모습이다.

삶에서 함께하는 코칭

친구의 아들은 꽤 높은 성적으로 경영학과에 진학했다. 학업 중도에 건축공학으로 전공을 바꿔 졸업했다. 영국으로 건너가 경영 컨설턴트로 직장 생활을 했는데 돌연 그만두고 귀국해 지금은 로스쿨 준비를 하고 있다. 모임에서 늘 착하고 똑똑한 아이라고 자랑했던 아들이었다. 친구는 잔소리하지 않고 묵묵히 바라보고 있지만 조바심으로 속이 타들어 갔다. 조금씩 모임에서 아들 이야기가 줄었다.

친구의 부탁으로 친구 아들과 만나게 됐다. 코칭에 대해 설명하고 비밀을 보장한다고 약속했다. 이 시간만큼은 아버지의 친구가 아니라 오로지 코치로서 함께한다고 말하고 나서야 그는 마음을 조금 열고 이야기를 시작했다.

"저는 부모님이 무엇을 원하는지는 알겠어요. 하지만 정작 제가 뭘 잘하고 무엇을 원하는지 모르겠어요. 부모님이나 친구들이 말하는 인생이 제가 원하는 삶인지 헷갈려요."

그는 자신에 대해 혼란스러워하고 자신감이 떨어져 있었다. 그 말이 오히려 반갑고 대견했다. 나는 마음속으로 맞장구를 놓았다.

'나이 60이 돼도 그런 고민 한 번 하지 않고 살고 있는 어른들도 많단다.'

그는 어려서부터 똑똑했다. 부모와 선생님이 시키는 입시 위주 공부를 했고 성적은 늘 상위권이었다. 수능 성적에 맞춰 부모와 선생님이 추천하는 대학과 전공을 선택했다. 그것이 당연했다. 그렇게 하는 게 제대로 사는 것이라고 생각했다. 부모님은 그를 자랑스럽게 여기고 행복해했다. 친구들도 부러워했다. 졸업하고 취직해서도 누군가의 부러움을 받는 삶이 계속될 것으로 기대했다. 머릿속에는 성공한 인생을 위한 스펙들이 있었다. 직급, 연봉, 자동차, 아파트 평수, 클럽 회원권 등. 입시나 취업을 준비하듯이 성공한 인생을 위해서도 스펙을 쌓으며 사는 것이 당연하다고 생각했다.

막상 취직하고 보니 일터에서는 학교나 학원에서 배운 적이 없는 다른 역량들이 필요했다. 공부만 하던 머리로는 이해되지 않고 흉내 내기 어려웠다. 어색한 행동을 억지로 해야 하고 참고 견뎌야 할 것들이 많았다. 자기보다 공부를 못하던 친구들이 더 잘 적응하며 능력자가 됐다. 공부가 차라리 쉬웠다. 재미있고 자기에게 맞는 일을 찾아보았지만 쉽게 싫증 나고 자신감이 떨어졌다. 이렇게 살다가 루저가 되는 건 아닐까 초조했다. 스스로 결정하는 것이 두려웠다. 삶에서 즐거움이 점점 사라졌다. 그는 내가 제안한 갤럽 강점 진단을 해보기로 했다. 결과를 받아보고는 자기 강점에 놀라워했다.

"이거 저 맞아요. 제가 이래요."

그와 함께 좋아하는 것과 힘들었던 상황들을 다시 해석하고 강점으로 연결했다. 성적만으로 결정했다고 생각했던 전공도 그의 재능과 연결돼 있었다. 그는 자기에게 가장 잘 맞는 일이 경영 컨설턴트였는데 그것을 중간에 포기한 것을 후회한다고 말했다. 무엇 때문에 후회하는지 물어보았다. 그리고 지금 선택한 법률 전문가의 삶을 상상해 보게 하고 그것을 다시 강점으로 연결했다.

- 경영 컨설턴트가 됐든 법률 전문가가 됐든 그것을 통해 이루고 싶은 목표는 무엇인가?
- 어떤 사람이 되고 싶은가?
- 중요하게 여기는 가치는 무엇인가?
- 세상에서 이루고 싶은 것은 무엇인가?
- 선택하고 싶은 결정은 무엇인가?

존재에 관한 이야기로 주제를 넓히자 그의 눈이 커지고 목소리 톤이 올라갔다. 때로는 오랜 침묵이 이어지기도 했다. 대화는 점점 활기와 진지함이 더해졌다. "가족이란?" "결혼이란?" "친구란?" "성공이란?" "실패란?" 자기만의 의미를 탐색했다. 때로는 내 생각을 묻기도 하고 떠오르는 여러 삶의 모습을 호기심으로 성찰했다.

몇 차례 만남이 이어졌고 그는 마침내 스스로 자기가 되고 싶은 모습을 그려냈다. 변호사나 경영 컨설턴트는 방편일 뿐이고 자기가 원하는 모습으로 가는 과정에서 본질은 바뀌지 않는다는 것을 깨달았다. 남들에게 인정받을 수 있는 완벽한 모습에 자기를 억지로 맞추었던 것은 아닌지, 남들의 선택을 자기 선택이라고 착각한 것은 아닌지, 어려운 일을 피해 더 쉽게 얻을 수 있는 방법을 찾아 헤맨 것은 아닌지 돌아보았다. 이루고 싶은 일에 목표를 두고 지금 하는 일에 의미를 찾고 몰입할 동기를 얻게 됐다. 조금씩 자신감을 찾아가고 있다.

툭!

아내가 냉장고 문을 여는 순간 안에 있던 찌개 냄비가 바닥에 떨어져 뒤집혔다. 어제저녁 나를 위해 미리 준비한 된장찌개가 바닥에 엎질러졌다. 나는 어쩔 줄 몰라 하는 아내를 보고 "괜찮아? 놀랐겠네. 안타깝다."라고 말하며 재빨리 걸레를 찾아 들고 바닥을 훔치려고 했다. 그러자 아내가 "기다려. 내가 할게." 하고 말하고는 내 손에서 걸레를 가져가 바닥을 말끔하게 치웠다. 예전 같았으면 그 상황을 못마땅하게 여기고 내 불편한 마음만 표현했을 것이다. "조심해야지. 그렇게 냄비째 냉장고에 넣으면 어떡해? 넣었으면 제대로 확인을 하든가. 왜 항상 그 모양이야." 비난을 퍼붓고 상심한 아내를 뒤로하고 출근했을 것이다. 그랬던 내 입에서 먼저 아내의 당황하고 안타까운 마음을 먼저 알아주는 말이 나왔다. 아내가 내 눈치를 살피며 신기하다는 듯이 "정말 변했네." 하고 말했다.

내가 변할 때 비로소 관계가 변하고 상대도 변할 수 있다는 것을 알게 된 지도 7년이 돼간다. 그동안 조직 현장에서 치열하게 코칭 철학을 적용해왔다. 사장의 모자와 코치의 모자를 동시에 쓰고 있는 내 모습이 나는 물론 구성원들에게도 어색했다. 순수한 코칭의 효과를 확인하려고 내 전공과 관련 없는 다른 산업 분야 조직에서 코칭 리더십을 직접 시도해보기도 했다. 제대로 안 될 때는 코칭이 가능한 사람들이 따로 있다고 합리화했다. 꾸준히 훈련을 받고 멘토 코치의 코칭을 받으면서 내 안에 있는 취약성이 문제라는 것을 깨달았다. 의도적으로 나를 살피고 감추고 싶은 모습을 드러냈고 때론 버려가면서 조금씩 자연스러워졌다. 내가 진심으로 구성원을 아끼고 존중할 때 그들은 자기 일에 최선을 다했다.

책을 쓰는 동안 일상에서 누구나 코칭의 철학을 수용하고 실천하는 것이 행복한 삶에 이바지한다는 믿음이 자리했다. 코칭은 결국 나를 성장시켰고 행복하게 만들었다. 일상에서 가족과 친구들은 물론이고 지하철과 식당에서 만나는 낯선 사람과의 짧은 만남에서도 상대를 나와 같은 온전한 존재로 존중하고 공감하는 것이 긍정적인 변화를 일으킨다는 확신이 들었다.

조직의 성과를 위해서는 문제 있는 사람을 코칭하는 것도 중요하지만, 영향력을 발휘하는 리더를 코칭하는 것이야말로 더욱 필요하다. 그들이 더 큰 영향력을 발휘하고 탁월한 성과를 내기 위해 그리고 그들이 지쳐서 포기하지 않도록 더 적극적으로 도와야 한다. 그들의 영향력을 더 효과적으로 확대해야 한다. 그러기 위해 그들과 함께하는 구성원을 변화시킬 정서적 조력자가 필요하다. 전문 코치는 리더에게 코칭을 훈련하는 것을 넘어 현장에서 리더와 함께 구성원의 변화를 촉진하는 조력자가 돼줄 것이다.

여전히 코칭이 닿지 않은 많은 중소기업이 있다. 중소기업에도 뛰어난 잠재력과 강점이 있고 순수한 동기를 품은 구성원들이 많이 있다. 일터에 코칭을 적용해 구성원들이 주도적으로 업무에 몰입하고 창의력과 잠재력을 발휘한다면 지금은 중소기업이지만 미래의 구글과 아마존이 될 수 있을 것이다. 이 책이 변화와 성장과 행복을 희망하는 많은 조직과 개인을 도울 수 있기를 기대한다.

미주

1장

1. 임홍택 지음, 『90년생이 온다』, 웨일북, 2019, p. 135

2. 임홍택 지음, 『90년생이 온다』, 웨일북, 2019, p. 107

3. 스콧 리킨스 지음, 『파이어족이 온다』, 지식노마드, 2019, p. 14

4. 짐 클리프턴·짐 하터 지음, 고현숙 옮김, 『강점으로 이끌어라』, 김영사, 2020, p. 21

5. 스콧 켈러·콜린 프라이스 지음, 서영조 옮김, 『차이를 만드는 조직』, 전략시티, p. 24

6. 브라이언 M. 카니·아이작 게츠 지음, 조성숙 옮김, 『자유주식회사』, 자음과모음, 2017, p. 143

7. Gallup, *State of the Global workplace*, Gallup Press, 2017

8. 짐 클리프턴·짐 하터 지음, 고현숙 옮김, 『강점으로 이끌어라』, 김영사, 2020, pp. 21~23

9. 에노모토 히데타케 지음, 황소연 옮김, 『마법의 코칭』, 새로운 제안, 2004, p. 63

10. 존 휘트모어 지음, 김영순 옮김, 『성과 향상을 위한 코칭 리더십』, 김영사, 2014, p. 58

11. 스콧 켈러·콜린 프라이스 지음, 서영조 옮김, 『차이를 만드는 조직』, 전략시티, pp. 40~58

12. 스콧 켈러·콜린 프라이스 지음, 서용조 옮김, 『차이를 만드는 조직』, 전략시티, 2014, p. 261

13. 에릭 슈미트·조너선 로젠버그·앨런 이글 지음, 김민주·이엽 옮김, 『빌 캠벨, 실리콘밸리의 위대한 코치』, 김영사, 2020

2장

1. 사티아 나델라 지음, 최윤희 옮김, 『히트 리프레시』, 흐름출판, p. 19

2. 류시화 지음, 『시로 납치하다』, 더숲, 2018, p. 55

3. 모 가댓 지음, 강주헌 옮김, 『행복을 풀다』, 한국경제신문, 2017, p. 63

4. 모 가댓 지음, 강주헌 옮김, 『행복을 풀다』, 한국경제신문, 2017, p. 39

5. 김정호 지음, 『나로부터 자유로워지는 즐거움』, 불광출판사, 2012, p. 79

6. 류시화 지음, 『새는 날아가면서 뒤돌아보지 않는다』, 더숲, 2017, pp. 45~46

3장

1. 아빈저 연구소 지음, 서상태 옮김, 『상자 밖에 사람』, 위즈덤아카데미, 2016

2. 타샤 유리크 지음, 김미정 옮김, 『자기 통찰, 어떻게 원하는 내가 될 것인가』, 저스트북스, 2018, p. 14

3. 차드 멍 탄 지음, 권오열 옮김, 『너의 내면을 검색하라』, 알키, 2012, p. 132

4. 타샤 유리크 지음, 김미정 옮김, 『자기 통찰, 어떻게 원하는 내가 될 것인가』, 저스트북스, 2018, p. 35

5. 켄 윌버 지음, 김철수 옮김, 『무경계』, 정신세계사, 2012

6. 프레데릭 라루 지음, 박래효 옮김, 『조직의 재창조』, 생각사랑, 2016

7. 타샤 유리크 지음, 김미정 옮김, 『자기 통찰, 어떻게 원하는 내가 될 것인가』, 저스트북스, 2018, pp. 17, 81~88

8. 톰 홈즈·로리 홈즈 지음, 이진선·이해옥 옮김, 『소인격체 클리닉』, 시그마프레스, 2013

9. 남관희, "코치를 위한 감수성 훈련", http://cafe.daum.net/yescoaching

10. 김정호, "명상과 마음챙김의 이해", 「한국명상학회지」, 2018, Vol. 8, No. 1, pp. 1~22

11. 차드 멍 탄 지음, 권오열 옮김, 『너의 내면을 검색하라』, 알키, 2012, p. 85

12. 장 프랑수아 만초니·장 루이 바르수 지음, 이아린 옮김, 『확신의 덫』, 위즈덤하우스, 2014

13. 토드 로즈 지음, 정미나 옮김, 『평균의 종말』, 21세기북스, 2018

4장

1. 남관희 코치, '시너지를 내는 대화 실습 가이드 카드' 중에서

2. 정혜신 지음, 『당신이 옳다』, 해냄, 2018, p. 145

3. 로버트 케건·리사 라스코우 라헤이 지음, 오지연 옮김, 『자기 면역』, 도서출판 정혜, 2012, pp. 21~26

4. "必死則生 必生則死, 살고자 하면 죽을 것이요, 죽고자 하면 살 것이다"… 리더십 드러난 장면에서 열광, 조선일보, 2014.8.18 수정, 2021.4.19 접속, www.chosun.com/site/data/html_dir/2014/08/17/2014081702444.html

5. 후지타 고지 지음, 정지영 옮김, 『리더를 위한 경영 심리학』, 세종연구원, 2017, pp. 42~48

6. 정혜신 지음, 『당신이 옳다』, 해냄, 2018, p. 125

7. 남관희 코치, '감수성 훈련' 심화 과정 강의 중에서

8. 사피바칼 지음, 이지연 옮김, 『룬샷』, 흐름출판, 2020, pp. 366~367

9. 박창규 지음, 『임파워링하라』, 넌참예뻐, 2017, p. 53

5장

1. 벤저민 하디 지음, 김미정 옮김, 『최고의 변화는 어디서 시작되는가』, 비즈니스북스, 2018, pp. 41~59

2 김성준 지음, 『조직문화 통찰』, 클라우드나인, 2019, pp. 19~67

3. 이의용 교수, 국민대 '커리어 코칭' 과정 강의 중에서

4. 스콧 켈러·콜린 프라이스 지음, 서용조 옮김, 『차이를 만드는 조직』, 전략시티, 2014, pp. 39~42

5. 사피바칼 지음, 이지연 옮김, 『룬샷』, 흐름출판, 2020, pp. 57~90

6. 차드 멍 탄 지음, 권오열 옮김, 『너의 내면을 검색하라』, 알키, 2012, p. 127

7. 브레네 브라운 지음, 안진이 옮김, 『마음가면』, 더퀘스트, 2016, p. 80

8. 류시화 지음, 『시로 납치하다』, 더숲, 2018, p. 23

9. Dean Jones and Jessica Buono, "5 insights that help you understand people's weakness", *Gallup*, April 9, 2019

10. 코칭경영원, '강점코칭' 고급 과정 강의 중에서

11. 사이먼 사이넥 지음, 이지연 옮김, 『리더는 마지막에 먹는다』, 36.5, 2014, p. 256

12. 피터 드러커 지음, 조영덕 옮김, 『피터 드러커 자기경영노트』, 한국경제신문, 2020, p. 175

13. 에이미 에드먼슨 지음, 최윤영 옮김, 『두려움 없는 조직』, 다산북스, 2019, p. 194~199

타인의 성장
: 리더는 최고성장책임자다

초판 1쇄 인쇄 2021년 4월 26일
초판 1쇄 발행 2021년 4월 30일

지은이 김종철
펴낸이 안현주

기획 류재운 **편집** 안선영 **마케팅** 안현영
디자인 표지 최승협 본문 장덕종

펴낸 곳 클라우드나인 **출판등록** 2013년 12월 12일(제2013 – 101호)
주소 우) 03993 서울시 마포구 월드컵북로 4길 82(동교동) 신흥빌딩 3층
전화 02 – 332 – 8939 **팩스** 02 – 6008 – 8938
이메일 c9book@naver.com

값 17,000원
ISBN 979 – 11 – 91334 – 14 – 2 03320